불안의
심리학

Biologie der Angst : Wie aus Streß Gefühle werden
by Gerald Hüther

불안의 심리학

뇌생물학자가 말하는 스트레스의 참얼굴

게랄트 휘터 지음 | 장현숙 옮김 | 하지현 감수

궁리
KungRee

◆ **일러두기**

원서는 독일어지만 독자의 이해를 돕기 위하여 맨 뒤의 전문용어는 영어로 표기하였다.

한국어판에 부쳐

처음 만나는 한국의 독자들께

불안은 대단히 강한 힘이자 압력입니다. 그러나 일단 해결이 되고 나면 그 경험이 뇌 안에 새로운 신경 접속으로 자리를 잡게 됩니다. 뇌신경의 이 흔적은 이후 평생 동안 그 사람의 삶의 모양을 만들어 갑니다. 바로 이 사실을 알리고자 이 책을 쓰게 되었습니다.

또 하나, 불안은 그저 막연한 어떤 힘이 아니라 사람을 앞으로 나아가게 하는 힘이라는 점을 강조하고 싶습니다. 좀 더 나은 삶의 방식을 모색하도록 '등을 떠미는 엔진' 이라고 할까요.

불안의 이러한 본질과 역할에 지역 차이가 있을 리 없습니다. 유럽에 사는 사람들, 이 글을 읽고 있는 한국의 독자 여러분, 그리고 그 밖의 다른 지역 사람들 모두의 내면에서, 사실상 동일한 과정이 진행됩니다.

출간 이후 지금까지 이 책을 읽고 불안의 막막함과 무력감을 이겨냈다는 독자가 많았습니다. 절망에 빠져 있던 이들이 힘을 얻어 새롭게 살 길을 찾거나 지금까지와는 다른 방식으로 삶을 일구어 갈 용기를 얻었다고 합니다. 한국의 독자 여러분도 이 책을 통해 그런 체험을 해 보기를 소망합니다.

2006년 12월

독일 괴팅겐 대학 신경생물학연구실에서

게랄트 휘터

차례

01

01

만남 그리고 전망

두렵다, 사람들 얘기를 듣기가.

모든 걸 그렇게도 분명하게 말할 수 있다니!

이건 개고 저건 집이고

여기가 시작이고 끝은 저기라고.

미래도 과거도 다 안다는 듯

조롱조차 거침없이 내뱉는 저 배짱, 두려울 뿐이다.

어떤 산인들 그들 눈에 멋지게 비치랴

자기 땅과 정원이 이미 신과 맞닿아 있는데.

나로선 고작 경고나 할 뿐

멀찌감치 비켜 있어라.

사물이 노래하는 걸 듣고 싶다, 정말로!

그렇게 손을 대면 그것으로 끝, 뻣뻣하게 굳어 입을 다물지 않느냐.

너희는 내게, 사물을 다 죽여 버리는구나.

— 라이너 마리아 릴케R. M. Rilke

우리 동네엔 자그마한 언덕이 하나 있다. 이 지역 사람들이 '말산馬山'이라고 부르는 언덕인데, 그 꼭대기에서 풀을 뜯지 않은 지 이미 오래되었다. 딱히 길이라고 부를 수도 없는 잡풀로 뒤덮인 좁은 길이 그 꼭대기로 나 있다. 어쩌다 길을 잘못 든 사람이나 겨우 밟게 되는 길이다. 하지만 꼭대기에서 내려다보는 전망은 그런대로 괜찮다. 먼 곳까지 한눈에 다 들어오니까. 자동차 도로며 보행자 도로가 그물망처럼 촘촘히 얽혀 있다. 자동차나 자전거를 타고, 아니면 걸어서 이리저리 도로 위에서 움직이는 사람들이 마치 개미처럼 보인다. 주변 작은 마을에서 시내로 우르르 몰려나왔다가 저녁이 되면 다시 마을로 돌아가는 무리들.

도로와 산책로를 따라서 들판과 숲을 이리저리 누비며 다닌다.

이 꼭대기에서 잠시 머물도록 하자. 여기 있으면 가끔 시간이 멈춘 듯한 느낌이 들 때가 있다. 시간이 정지한 듯 느껴지는 바로 그만큼, 저 아래 길에서는 상대적으로 시간이 빨리 흐르는 것처럼 보인다. 조용히 멈춰 서 있는 사람만이 남들이 움직이는 모습을 지켜볼 수 있다. 그들이 어디로 가고 어떤 흔적을 남기는지가 비로소 눈에 들어온다.

숲 한가운데에 소풍 나온 사람들을 위한 식당이 하나 문을 열었다. 시내에서 시작된 길이 그곳으로 가까워질수록 점점 넓어지는 것이 보이는가? 굽이를 하나 돌 때마다 조금씩 폭이 넓어진다. 음식점 근처에 이르면 너비가 거의 국도 정도이다. 자동차 몇 대가 벌써 그 위로 달려오고 있다. 그런가 하면 시내와 가까운 곳에 공장을 짓고 있는 공사장은 어떤가? 울퉁불퉁 험하기 짝이 없던 길이 불도저에 납작 눌린 후, 아스팔트가 깔리더니 어느덧 4차선이 완성되었다. 전 같으면 걸어서 1시간이나 걸렸던 거리가 지금은 10분이면 충분하다.

강을 오가던 여객선은 운행을 멈춘 지 오래다. 강을 거슬러 오르는 방향으로 다리가 하나 만들어졌다. 옛날에 휴게실이던 객선 오두막은 비어 있다. 선착장도 이제는 이용하는 사람이 없다. 아스팔트도 표면이 갈라져 간다. 일찍 싹트는 덤불이 이미 자라기 시작했으니, 머지않아 이 길은 보이지 않게 될 것이다.

내가 당신을 이리로 안내한 이유는 도로와 길이 쓰임새에 따라 끊임없이 변화한다는 걸 보여 주려는 게 아니다. 새로운 요구와 상황에 맞도록 알아서 계속 적응해 나아간다는 말을 하려는 것도 아니다. 뇌 기능 연구 분야에서 20세기 최고의 신경생물학적 성과로 훗날 기록될 수 있을 만한 아주 중요한 어떤 그림을 이 언덕 위에서 관찰할 수 있기 때문이다. 그 과정을 뭐라고 이름 지어야 할지 아직은 모른다. 영국과 미국에서는 이것을 신경망의 '경험 의존적 가소성experience dependent plasticity' 이라고 한다. 우리 뇌에 있는 신경세포들 간의 연결이 사용 빈도에 따라 단단해지거나 (단단해지는 반면에) 줄어드는 현상을 두고 하는 말이다.

이게 무엇을 뜻하는지, 상상력을 동원해서 한번 잘 생각해 볼 필요가 있다. 우리의 생각과 느낌, 행동을 결정하는 신경세포들 간의 상호 접속은 우리 뇌 속에서 어떤 영향을 받아서 만들어질까? 그것은 바로 우리가 어떻게 신경 접속을 이용하는가, 다시 말해 우리가 무슨 일에 뇌를 사용하고 무슨 생각을 하며 무엇을 느끼는가에 달려 있다. 예를 들어 우리가 매일 텔레비전 앞에 웅크리고 앉아 저녁을 보내는가, 아니면 바이올린을 연주하는가, 책을 많이 읽는가, 그것도 아니면 인터넷에 몰두하는가에 따라 접속망의 모습이 달라진다.

우리 뇌 속의 신경세포들은 위에서 예로 든 행동 하나하나에 따라 각각 다른 형태로 접속한다. 영어로는 'neuronal pathways' 라고 한다. 우리말로 풀어 쓴다면—신경로? 사고와 감각의 길?

우리 뇌 속에는 묻혀 버린 오솔길이 수도 없이 많다. 그중 많은 길이 시간이 지나면서, 또는 우리가 생각 속에서 얼마나 자주 지나다니는가에 따라 이런저런 모양으로 바뀐다. 그저 걸어 다닐 만한 길, 잘 놓인 매끈한 길, 어디 그뿐인가? 경우에 따라서는 널따란 고속도로가 될 수도 있다. 이미 나 있는 고속도로나 국도만을 타고 어떻게든 빨리 목적지에 도착하는 게 급선무인 사람이라면 어떨까? 꿈결같이 나 있는 오솔길, 햇살 가득한 들판 길, 선명하게 이어지는 지방 도로가 그의 눈에 들어올 리 없다. 이런 길 역시, 마지막에는 같은 곳에 이르는데도 말이다.

그런가 하면, 풀로 덮여 거의 보이지도 않는 험하고 외로운 길만 평생 밟고 다니는 이도 있다. 이런 사람들이 겪는 문제는 정해져 있다. 생각 속에서 재빨리 장소 이동을 해야 할 때나 불시에 딱 부러진 결정을 내려야 할 때면 항상 어려움이 생긴다는 걸 어느 정도 시간이 지나면 스스로 알게 된다.

적잖은 사람이 되도록이면 빨리 앞으로 나아가기 위해 뇌를 사용한다. 이런 일이 어떻게 가능할까? 나아가고 싶은 방향을 삶에서 결정하는 요인은 무엇일까? 이 책에서는 바로 이런 사항들을 다루고 있다. 다시 말해 우리가 관심을 갖는 건 여기 이 언덕에서 내려다보이는 것 이상이다. 왜 어느 지점에서는 좁았던 길의 폭이 넓어지고, 또 다른 곳에서는 잘 닦인 길이 좁은 오솔길로 변하는 것일까?

우리 뇌 속에는 이러한 길들이 이리저리 얽힌 그물망이 존재하고, 신경의 상호 통신을 관장하는 그물망의 형태가 시간이 지나면서 변화한다는 사실은 그리 관심을 끌 만한 일이 못 된다. 우리가 알고자 하는 건 오히려 어떤 사람의 '생각길'과 '느낌길'이 그 사람의 발전 과정 중 어느 특정 시기에 왜 하필 그런 모습을 띠게 되는가 하는 점이다.

빈번히 오가다 보면 어느 길이나 결국에는 걷기 편한 길이 된다. 그런데 이렇게 '애용되는' 길이 되려면 과연 어떤 조건과 환경이 필요한지, 그것을 이 책에서 알아보고자 한다. 잘 다니던 길에서 사람들의 발길이 멀어지려면 그 전에 무슨 일이 일어나야 하는지도 이해할 필요가 있다. 우리 뇌 속에는 앞으로 생길 도로 변화까지 알 수 있는 교통지도는 없다. 따라서 우리가 가는 길, 우리가 내는 길은 모두 언젠가는 막다른 골목이나 잘못된 길로 판명 날 가능성이 있다. 우리에게 생각할 여지를 제공하는 다음과 같은 질문, 즉 왜 그런 잘못된 발전 과정이 자꾸 생겨나는지, 그럴 때 어떤 결과가 초래되는지, 그런 실수를 극복할 방법은 무엇인지 등이 이 책 전체에 걸쳐 줄곧 의문으로 제기될 것이다.

경이로운 것, 비밀스러운 것을 전부 밝히고 드러내 버리자는 게 아니다. 외경심과 감탄 가득한 마음으로, 딱 한 번만 아주 조심스럽게 그 안을 들여다보자는 것뿐이다. 그렇게 보고 난 다음에는 다시 뚜껑을 닫고, 그 비밀을—어쩌면 앞으로 길을 가는 동안 내내—우리 마음속에 계속 간직한 채 살아가자는 것이다.

02

02

다가가는 길

숫자와 형태가 더는
모든 피조물을 여는 열쇠가 아닐 때,
노래하거나 입 맞추는 저들이
궁구하는 학자들보다 아는 것이 더 많을 때,
세계가 자유로운 삶으로
삶이 세계로 되돌려질 때,
그리하여 빛과 그림자가
서로 진정 선명하게 어우러질 때,
그리고 사람이 동화와 시 안에서
참된 세계사를 깨닫게 될 때,
그때가 되면 비밀스런 말 한마디로
비틀어졌던 사물 모두가 비로소 풀려 나오리.

— 노발리스Novalis

우리가 서 있는 언덕에서 내려다보면, 눈앞에 펼쳐진 보도와 차도의 그물망이 점차 변해 가는 모습을 관찰할 수 있다. 우리 뇌 속에 있는 신경조직의 연결망과 흡사한 이 도로망은, 사람들이 길을 다른 방식으로 사용하기 시작하면서 변화한다. 왜 어떤 이들은 이 길을 가고 다른 이들은 저 길을 택하는지, 그 이유는 알 수 없다. 언덕 위에서 내려다보는 것만으로는 그 대답을 찾기 어렵다. 무슨 일이 일어나고 있는지 더 잘 조망하려면 좀 더 높은 곳으로 올라가거나, 세부 사항을 더 자세히 알아볼 수 있도록 좀 더 아래로 내려가야 한다.

이해하기 힘든 일에 부딪히면 사람들은 예로부터 두 가지 방법

중 하나를 쓰곤 했다. 우선 구체적인 현상에서 멀찌감치 떨어져 그 일을 관찰하면서, 이해가 안 되는 현상을 상상해 보는 방법이 있다. 다른 한 가지는 이것과 정반대되는 방법으로, 눈에 보이는 형태를 가까이에서 직접 파고들며 관찰하여 그 현상을 파악하고자 노력한다. 마찬가지로 사람의 감각사고 행동양식이 왜 하필 그렇게—현실에서 그런 것처럼—되는지, 또 시간이 지남에 따라 그들의 감각사고 행동양식이 왜 변해 가는지를 궁금하게 여겼던 사람들 역시 위와 같은 방법을 사용했다. 저만큼 물러나서 관찰한 후, 그때 눈에 드러난 모습을 묘사하는 게 그 하나다. 다른 방법은 뇌 속으로 되도록 깊이 파고들어 가서 들여다본 후, 그 안에서 일어나고 있는 일들을 서술해 내는 것이다. 그리고 어떤 식으로든 이 과정에 간섭을 하면 어떤 결과가 나오는지도 이들의 관심사였다.

같은 사물이라도 아주 멀리서 보느냐, 아주 가까이서 관찰하느냐에 따라 사뭇 다르게 보인다. 그러므로 시간이 흐르면서 여러 가지 단어와 개념의 세계가 생성된 것은 놀라운 일이 아니다. 우리의 사고와 감정을 표현하거나 우리 뇌의 신경해부학, 신경생리학, 신경화학의 특징과 기능 방식을 표시하기 때문이다. 인문과학자와 자연과학자들이 서로 잘 이해하지 못하는 것도, 그리고—이런 경우에 늘 그렇듯이—그들 사이에 전선이 형성되고 얼핏 보아 거의 메울 수 없는 깊은 구덩이가 파이는 것 또한 그다지 이상한 일은 아니다.

그러나 이러한 상호 배척은 장기적으로 볼 때 결코 유익하지 못하다. 그래서 언제부턴가 한두 사람이 개별적으로, 그러다가 점점 더 많은 사람이 나서서 이미 생긴 그 구덩이를 다시 채워 메우고 한때 선명했던 전선을 흐지부지 없애는 작업을 하였다. 하지만 이런 현상은 아직 놀랄 일이 못 된다. 정말 놀라운 것은 바로 철학과 심리학, 신경생물학 간에, 다시 말해 인문과학과 자연과학 분야 연구자들 사이에 이러한 통합 노력이 생기더니 20세기 끝 무렵에 그런 작업이 하나하나 이루어졌다는 사실이다.

물론 지나치게 거시적, 또는 미시적 입장을 취하는 사람들은 아직도 제자리를 고수하고 있다. 그러나 그들도 다른 편에서 나오는 노랫소리를 이미 듣고 있다. 뿐만 아니라 양쪽 노래가 사실은 가사만 다를 뿐이라는 걸 점차 알아차리고 있다. 멜로디도 마찬가지다.

아직 나와 함께 이 언덕 위에 있는가? 지금까지 우리는 함께 보아 왔다. 이제, 함께 귀 기울여 들어 보자. 우리에게 들려올 우리에 관한 노래의 곡조를 알아들을 수 있는지. 어쩌면 노래를 따라 부를 수 있을지도 모른다. 단, 노랫말이 섞여 혼란을 불러일으키는 일을 피하기 위해 다른 가사에 해당하는 부분은 작은 글자로 실었다.

작은 글자로 된 부분은 곡을 잘 아는 사람들, 곡을 들으면서 그에 해당하는 가사를 동시에 듣거나 함께 읽어도 이해하는 데 아무런 지장을 받지 않는 사람들을 위한 것이다. 내용과 말투가 딱딱하고 무거워서 개중에는 '이거 뭐 본문 주제 멜로디하고는 영 다르잖아?' 라고 생각하는 사람도 있을 것이다. 그런 느낌이 든다면 이 부분은 읽지 않고 그냥 건너뛰는 편이 좋다. 하지만 간혹 큰 글자로 된 멜로디가 쉽게 이해되어 작은 글자로 된 가사를 함께 읽고 싶은 사람도 있을 수 있다. 그런 경우가 좀 많았으면 하는 바람에서, 어려운 전문용어는 책 뒷부분에 따로 설명해 놓았다.

그런데 이 책을 제일 고단하게 읽는 사람은 뭐니 뭐니 해도, 자기가 함께 노래하기도 싫고 또 노래할 수도 없는 곡조는 분명 잘못된 곡조라고 생각하고 그걸 증명하기 위해 아예 작은 글자만 읽는 이들이다. 이런 독자를 위해 필요하다고 여겨지는 부분에는, 발췌한 내용이 실린 원전 중에서 아주 중요한 책만을 추려서 괄호 안에 따로 제시하였다. 본문에서 작은 글자로 이야기되는 내용은 그 책 안에 아주 자세히 설명되어 있다.

이제, 작은 글자로 된 부분의 첫 번째 보충 설명을 시작하겠다.

서구의 사고는 고대부터 지금까지 육체와 영혼의 분리라는 이원론적 모델의 지배를 받아 왔다. 이 두 극은 오랫동안 서로 분리된 상태로 마주보고 있었으며, 그 신비한 '영혼에서 육체로 가는 점프'(프로이트Freud, 1895)를 학문적으로 완성하는 작업은 아직까지도 성공을 거두지 못했다. 그렇지만 사고하는 방법이 적어도 이원론적 사고에서 통합적 사고로 발전된 것은 사실이다(쉬슬러Schüßler, 1988). 다시 말해 육체와 영혼을 각각 별개로 보는 대신 서로 영향을 주고받으며 침투하는 두 개의 존재, 이를테면 '상보적 하나'(키르슈Kirsch&하이랜드Hyland, 1987)를 구성하는 존재로 간주하게 되었다. 이 상호 침투 작용은 최근 대부분의 신경생물학과 심리학 분야 연구에서 점점 분명하게 나타나고 있다. 심리적 요소가 생물학적 과정에 끼치는 영향, 신경생물학적 전제 조건과 사건이 심리적 현상에 야기하는 결과 등, 이들 분야에 대한 연구가 갈수록 세분화되고 있다.

불과 몇십 년 전까지만 해도, 뇌의 발달 과정에서 한번 접속이 완성되고 나면 그뿐, 성인이 된 후에는 이 접속 구조가 바뀌지 않는다고 생각했다. 하지만 지금은 어떤가? 성인 나이에도 우리 뇌는 상당한 정도로 구조를 바꿀 만큼 유연하다는 것을 알고 있다. 물론 모태 내 성숙기에는 일단 분열을 한 뇌세포가 출생 전에 또 한 번 세포분열을 하는 일은 없다. 그러나 자신의 신경조직 접속을 재조직할 수 있는 능력은 평생 보유한다(이 능력을 '경험의존적 가소성'이라고 한다).

이러한 재건 과정을 거치면서 기존의 신경 연결 고리에 있는 시냅스의 효율에 변화가 일어난다. 이를테면, 뉴런의 크기 변화, 특수화된 전후 시냅스 형성 촉진 또는 약화, 전달체 수용기의 밀도와 특성 변화, 그에 따른 신호 중개의 효율 변화 등의 형태로 말이다. 축색돌기가 아주 무성하게 자라서 이른바 측부발아(곁가지가 추가로 자라는 현상)가 일어나면 시냅스가 새로 생성되기도 한다. 반면에 계속 줄어들어 퇴행할 때에는 이미 있던 시냅스는 소멸해 버린다. 수상돌기가 그 모양을 바꾸거나 중추신경계 조직을 지지하는 별 모양의 별아교세포가 뉴런을 덮어 버리는 그 정도에 변화가 일어나면, 후시냅스 접촉 지점의 크기에 변화가 온다. 그러면 정상적 조건일 때, 뇌 안에서는 시냅스 연결과 신경 접속의 안정화, 해체, 변모가 끊임없이 반복된다.

이 과정은 사지를 절단하면서 신경도 함께 끊을 때 잘 볼 수 있다. 대뇌피질의 감각돌기부가 이때 새로 만들어진다. 절단 제거된 사지를 지금까지 관장해 왔던 뇌 부분이 시간이 지남에 따라 새로운 종류의 기능을 떠맡는다(라마찬드란Ramachandran, 1993; 오리어리O'Leary 외, 1994). 성인의 CNS(중추신경계)에서 이러한 구조적 재건이 일어나도록 방아쇠를 당겨 주는 역할을 하는 것이 스테로이드 호르몬이다. 이른바 '리간드-조종 전사轉寫 인자' 역할을 담당하기 때문인데, 신경세포 중 어느 유전인자가 활성화되고 그 결과 세포의 어느 기능이 수행될지 여부가 바로 여기서 결정된다.

스테로이드 호르몬의 그러한 영향력을 보여 주는 인상적인 예가 있다. 바로 암컷 들쥐의 성주기에 따라 뇌의 여러 분야에서 시냅스의 연결 밀도가 변해 가는 현상이다(올모스Olmos 외, 1989; 울리Wooley&매큐언McEwen, 1992). 지금까지 확인된 바로는 겨울잠에서 깨어난 동물에게서 이러한 뇌의 집중적인 재조직이 일어난다. 겨울잠에서 깨는 순간, 막대한 호르몬 변화가 일어나 겨울잠을 자는 동안 퇴보했던 피라미드 세포의 수상돌기가 단 몇 시간 내에 완전히 성장하기 때문이다(포포프Popov&보차라보Bocharavo, 1992; 포포프 외, 1992).

우리가 서 있는 이 언덕에서는 아직도 시끄러운 소리가 많이 들린다. 자동차의 둔탁한 엔진 소리, 어쩌다 스쳐 날아가는 비행기 소음이 음악처럼 느껴지진 않는다. 이런 곳에서 멜로디만을 골라 들으려면, 그 멜로디가 생겨난 곳까지 돌아가야 한다.

머나먼 과거로, 비행기도 자동차도 없던 시기로, 생각하고 느끼는 뇌가 장기적 발달 과정의 첫걸음을 내딛던 그때로 말이다.

03

03

넓어져 가는 길

사물 위에서 퍼져 가는
나이테 속의 삶을 산다.
마지막 나이테는 아마 마무리 짓지 못하리.
그래도 해보기는 하리라.
신의 주위를, 저 태고의 탑 주변을 빙빙
수천 년 동안 나는 맴돈다.
내가 무언지, 그래도 아직 알지 못한다.
매일까, 폭풍일까, 아니면 커다란 노래일까?

— 라이너 마리아 릴케

그렇다고 지레 겁먹을 건 없다. 사고와 감정의 시작점으로 되밟아 간다고 해서 그 길이 원형질이나 심지어 지구 탄생의 날까지 소급할 일은 아니니까. 우리의 눈길을 태초의 생명체에게로 잠깐 돌리려는 것뿐이다. 현재 우리처럼 이 생명체 역시 그 당시 자기 환경에서 어떻게든 살아가려고 안간힘을 써야 했다. 별로 어려운 일은 아니었을 것이다. 그들에게는 선조에게 물려받은 프로그램이 있었으니까. 신체의 형태와 신진대사, 그들의 행동 양식까지도 다 포함한 프로그램 말이다.

생물체의 구조를 결정하는 프로그램, 즉 대상을 먹어도 되는지 아니면 먹으면 해로운지에 따라 다르게 반응하도록 하는 프로그램, 그리고 이 모든 것을 다 기억하는 후손을 생산하는 프로그램들은 모두 유전 프로그램이다. 그렇지만 모두가 동일하지는 않다. 이들은 본래 크기를 확대시키기도 하지만, 실제로 꼭 필요한 것보다 더 많이 보유하려는 경향이 있다. 또한 끊임없이 무언가를 변화시키려는 성향도 보인다. 달리 말해, 우리가 컴퓨터 프로그램으로는 별로 높이 치지 않는 '실수를 기꺼워하는 특성' 을 가지고 있다. 그뿐인가? 컴퓨터 프로그램이라면 결코 하지 않을 작업을 해내기도 한다. 자기와 흡사한 다른 프로그램과 자신을 계속 섞는 것이다. 이때 일어나는 일과 오늘날 우리에게도 여전히 일어나고 있는 일을 우리는 '유성생식' 이라고 부른다. 이 두 가지, 즉 실수를 꺼리지 않는 점과 유성생식 과정에서 남과 계속 하나로 버무려지는 점이 함께 작용하여, 생물체의 구조와 작용, 능력을 결정하는 새로우면서도 약간씩은 변화된 프로그램이 끊임없이 생성되었다. 사람 개개인의 외모가 조금씩 다르고 성격이나 능력에서도 남과 조금씩 구별되는 건 바로 이 때문이다. 이는 자연스러운 다양성으로서 이 다양성 없이는 생존하지 못한다.

그런데 이 세상 고통의 뿌리도 바로 여기에 있다. 그런 프로그램 전부가 존속과 번식이 가능하게끔, 생물체의 생존을 유도하는데 적합한 것은 아니기 때문이다. 그때그때의 조건에 따라 좀 더 잘 맞고 덜 맞는 프로그램이 있게 마련이다. 현재 살아 있는 인간과 다른 모든 종족의 선조는 하나같이 그중 더 잘 맞는 프로그램을 보유했다고 할 수 있다. 부적절한 프로그램을 가졌던 생물체는 후손을 생산하기 전에 이미 다 멸종했다. 그들의 프로그램은 소멸되어 영원히 상실된 것이다. 이것이 선택이며, 이 선택 없이는 생존하지 못한다.

그러나 유전적 프로그램의 다양성과 선택성이 생존을 결정하는 요인의 전부는 아니다. 생명체의 존속과 이 프로그램을 전달하기 위해 필요한 외부 조건들이 있다. 한쪽이 연주자라면, 다른 한쪽은 지휘자라 할 수 있다. 유전 프로그램은 행동을 결정하는 지침으로서, 어떤 종족에 속한 개별 생물체의 신체 구성, 구조화, 생리적 활동과 행동 양식을 어느 정도 규정한다. 이 프로그램이 그대로 유지되어 후손에게 전해지느냐 아니냐는 언제나 그때그때의 외부 조건에 따라 결정되었다. 어느 프로그램이 가장 적합한가, 거듭 생겨나는 개정판 프로그램 중에서 어느 것이 선택에서 가장 유리한가가 관건이었다. 장기간에 걸쳐 진화가 일어나는 동안, 개개 종족의 유전 프로그램이 발전해 나아갈 방향은 전적으로 외적인 삶의 조건에 따라 좌우되었다.

그럼 상황이 변하는 건 언제인가? 지상의 생명체가 자신의 존속과 생식에 필요한 조건을 상당 부분 자기 힘으로 만들어 나가거나 최소한 이에 영향을 끼칠 수 있을 때였다. 좀 더 정확하게 말하면, 프로그램이 생물체로 하여금 환경을 바꿀 수 있게 했을 때 상황 변화가 일어났다. 이 시기부터 '환경'이라는 개념은 이중적 의미를 갖게 되었다. 외부 세계라는 고전적 의미 외에, 그보다 훨씬 의미심장한 유전 프로그램의 작용을 통해 이 외부 세계 안에서 생산되는 제2의 세계라는 뜻이 첨부되었기 때문이다.

이 과정은 아주 일찍부터 시작된다. 난자 세포 하나하나에는 유전 프로그램뿐 아니라, 그것을 전용하는 데 우선적으로 필요한 요소(기본 요소, 보조 요소, 에너지)가 함께 들어 있다. 그 종족의 특수한 출생 이전의 발달 조건, 보육법, 그 밖에 다른 기제들이 유전 프로그램 실행을 위협하는 외부 조건에서 새끼를 보호하는 역할을 한다. 말하자면, 유전 프로그램을 보유하는 생물체에게 유리한 내부의 선택압이 진화 과정에 작용하는 셈이다. 이 프로그램은 외부 조건에 관계없이 자신의 발달 조건을 능동적이고 광범위하게 형성해 나아갈 힘이 있다.

자연적인 다양성과 선택이 애초 단세포의 성장을 규정하였다. 그런 다음 얼마 되지 않아—진화에 관한 한 이 '얼마'는 '상상할 수 없을 만한 시기가 지난 다음'이라는 뜻이 되는데—세포들을 서로 융합시켜 프로그램 보유자에게 유용한 것으로 증명된 프로그램이 생성되었다. 다세포 생물이 형성된 것이다. 이들은 서로 단단히 붙어 있거나 아니면 나중에 버섯이나 식물이 되었다. 활발하게 진화를 계속한 생물도 있다. 특수 프로그램을 보유한 세포에게만 가능한 일이었다. 즉, 특수 세포가 명령을 접수한 후 표피세포들에게 먹이 쪽으로 다가갈 것인지 아니면 별로 이익이 되지 않거나 굶주린 먹이 경쟁자를 피해 갈 것인지, 그 운행 방향을 제시해 줄 수 있는 경우 말이다.

그렇게 하려면 한 가지 프로그램, 즉 원래는 다 같이 표피에 머물러 있었지만 그중 특별히 예민한 세포가 한 단계 아래로 내려와 앉도록 하는 프로그램이 있어야 한다. 그러면 그 세포는 외부 자극 하나하나에 일일이 다 반응하지는 못하지만, 그 대신 성장 과정에서 내외면의 모든 세포와 접촉하게 된다. 그래야만 이 세포들은 활동을 계속하는 동안 외부와 다른 세포들에게 어떤 식으로든 영향을 받을 수 있다. 그리하여 마침내 기능상 완벽한 신경체제의 유전 프로그램을 부모에게 물려받은 최초의 생물이 우리 눈앞에 등장한 것이다.

이제 세포의 성장은 쉴 새 없이 전개된다. (대개는 자기 앞에서 일어난) 감각의 주요한 인상들을 처리하여 다음 세포로 전달해 주었던 프로그램은 이제 뇌에서 신경세포가 모인 곳의 발달을 관장하는 토대가 된다. 탄탄한 연결망을 가진 최초의 뇌가 생겨난 것이다. 생물의 발달 단계로 보면 곤충류 단계에 해당한다. 그 나머지는 아직 말할 수준이 못 된다.

어떻게든 살아남은 종에게는 다소간 시간차는 있을지언정 수정된 프로그램이 존재하게 마련이다. 이 프로그램은 생명체의 존속에 필요한 신경 접속을 관장한다. 그 좋은 예가 곤충들의 대군집이다. 생명체가 다양한 생존 조건을 이기고 살아남을 수 있도록 유전자로서는—정교하게 프로그램 되고 단단하게 꼬인 신경 조직을 총동원해 가면서—모든 것을 다 시도한 경우이기 때문이다. 그런데 이 삶의 방식에는 한계가 있다. 뇌 속에 유전적으로 확고히 자리 잡고 있는 신경 접속, 오로지 이것에만 의존하여 삶의 갖가지 어려운 문제를 해결하는 생물체는 더는 발달하지 못했다. 진화는 적어도 여기서 신경조직의 진보에서 분명히 막다른 골목에 이른 것이다.

곤충을 비롯한 이른바 전구동물에 내포된 프로그램과 비교해 볼 때, 우리가 속하는 소위 후구동물에게는 처음부터 아예 다른 프로그램이 형성되어 있다. 이 프로그램은 신체 기관의 전체적인 발달을 다른 방식으로 관장한다. 신경 체제의 형성에 최소한 잠정적으로, 그리고—우리도 곧 보겠지만—나중에는 실제로도 활동의 여지를 훨씬 많이 허락한다.

척추동물의 선조부터 대략 공룡이나 오늘날 공룡의 친척에 이르기까지 뇌는 아직까지도 상당히 유사하다. 오늘날까지 살아 있는 도마뱀이나 악어 같은 공룡의 후손들에게 이 점은 그다지 큰 단점이 되지 않는다. 뇌 속의 신경 접속을 주도하는 유전 프로그램은 기나긴 진화 과정에서 바로 오늘날의 조건에 맞추어서 적절하게 조정되어 왔다. 곤충과 마찬가지로 이들 역시 계속 살아남으려면 삶의 세계와 그들이 사는 나름대로의 생태학적 모퉁이를 지배하는 삶의 조건에 되도록 변화가 없어야 했다. 그리고 척추동물에게는 크게 보아 아직도 그 당시와 별 차이가 없는 삶의 공간이 허용되어 왔다.

외부 환경의 불변이란 이 지구상에서는 당연하기보다는 오히려 예외에 속한다. 뇌세포들 사이에 융합이 계속되다 마침내 더는 변화시킬 수 없을 만큼 경직될 경우, 이런 프로그램을 보유한 생물체는 외적인 삶의 조건이 빠르거나 강하게 변할수록 그들 삶의 세계가 보내는 도전에 유연하게 대처하기가 어려웠다. 어떤 생물이 멸종되었다면 공룡과 마찬가지로 그 이유는 대개 다른 동물들에게 잡아먹혔기 때문이 아니라 너무 춥거나 너무 더웠기 때문에, 또는 습해지거나 건조해져서 먹이가 충분하지 못해 새끼를 낳을 수 없었기 때문인 경우가 많다. 뇌 속의 프로그램이 요지부동으로 꽉 짜여 있어서, 그런 뜻밖의 변화에 융통성 있게 대응할 수가 없었던 것이다.

이 단계에서 그야말로 기막히게 새로운 현상이 나타났다. 훗날 어느 시점에선가 포유동물로 진화하게 된 어떤 생명체에 비할 바는 아니지만, 공룡도 이 새로운 변화 덕을 톡톡히 보았다. 그 변화란 바로 최초의 척추동물에게 생겨난 프로그램이었다. 위험에 처하는 순간 그 위험을 알리는 특정한 요소가 뇌 안에 생산되기 시작한 것이다. 이 요소는 다시 피 속으로 운반되어 부신을 자극하여 호르몬을 생산하고 배출한다.

이 같은 호르몬 반응은 몸속에 있는 나머지 자원을 전부 모아 생명체가 응급 상황을 이겨 내도록 하는 데 그 첫 번째 목적이 있다. 말하자면 비상시를 위한 반응이다. 스트레스 반응이라고 하는 이 반응은 이미 셀 수 없이 많은 생물체가 위험한 국면을 이겨 내도록 하는 데 기여했다. 위험이 닥칠 때면, 즉 외부 세계에 생명을 위협할 만큼 심각한 변화가 일어날 때에는 예외 없이 이 스트레스 반응이 일어나곤 했다. 적이나 먹이 경쟁자가 나타나면, 유전된 이 신경 접속을 활성화하고 본능적 행동을 유발하여 대개 다 물리칠 수가 있었다. 이 행동이 별 효과를 거두지 못할 때에는 다른 신경길을 사용하여 삼십육계 줄행랑을 치는 쪽을 택할 수도 있었다.

그런데 이렇게 뇌 속에 안착된 신경 접속들이 급작스런 외부 환경 변화에 적합한 대응 방식을 전혀 창출해 낼 수 없을 만큼 경직되어 있다면, 그때는 과연 무슨 일이 벌어질까? 예를 들어, 기후가 완전히 달라져서 자원이 고갈된다든가 하는 경우에 말이다. 이런 유의 삶의 조건 변화는 보통 생겨난 속도만큼 순식간에 다시 사라지지는 않는다. 먹이가 점점 줄어들고 기후 조건이 점차 심하게 변해 가면, 처음에는 그저 일시적인 비상 반응이었던 것이 결국 장기적인 스트레스가 되어 버린다. 변화된 조건에 걸맞게 적응하지 못할수록 그 생물체는 이러한 스트레스를 엄청나게 받게 된다.

이렇게 응급 반응이 장기화할 경우, 생명체의 어느 곳에서는 안전 퓨즈가 타 버리기 십상이다. 그 당시에도 이 점은 오늘날과 별다른 차이가 없었다. 장기적으로 스트레스를 받는 생명체에게 남은 몰락의 길은 둘 중 하나였다. 스트레스 때문에 생긴 병으로 죽든가(스트레스 호르몬은 생명체에 들어 있는 면역력을 억압하므로), 아니면 스트레스 때문에 생식 능력이 사라지든가(스트레스 호르몬은 성호르몬 생산 역시 억제한다).

상상을 초월할 만큼 장기간에 걸쳐 이 같은 현상을 관찰해 보면, 같은 종에서도 장기간 스트레스에 시달리다가 멸종한 후손을 발견할 수 있다. 뇌 안에서 발생하여 생명체 전부를 공격하는 이 스트레스 호르몬을 조절할 방책을 마련하지 못했던 생명체 말이다. 그런가 하면 운 좋게 몇 세대가 지나도 삶의 조건이 그다지 심하게 변하지 않는 공간을 용케 찾아내 숨어든 생명체의 선조도 있다. 이들의 후손—갈라파고스 섬의 큰도마뱀이 좋은 예이다—은 원래 모습을 그대로 유지하며 살아남을 수 있었다. 그들 뇌 속의 신경 접속과 그 접속에 따라 형성된 행동 양식이 이들의 문제를 해결하는 데 적합했기 때문이다.

그러나 인간의 선조들은 이 도마뱀처럼 변화 없는 안전한 구석으로 숨어들어 본래 모습을 유지하면서 살 수 없었다. 따라서 인간은 후손의 뇌 속에 유전된 프로그램이 새로운 변화에 얼마나 잘 적응하는가에 종족 유지의 성패가 달려 있다. 이러한 변화는 인간이 이 변화무쌍한 세상에서 다른 종족보다 더 잘 적응하는 데 도움이 되었다. 그 덕분에 스트레스를 덜 받고, 그 결과 건강하게 사는 시간이 길어졌으며, 구태의연한 프로그램으로 살던 다른 인접 생물보다 훨씬 번성하게 되었다.

뇌신경 접속 변화는 그들이 살고 있는 세계가 점차 심하게 변해 가는데도 장기적으로 스트레스를 받지 않고 끄떡없이 견딜 만큼 그 유연성이나 폭이 충분할 때에는 아무 문제가 없었다. 접속 모형을 만들어 낸 유전 프로그램은 그대로 보존되었다. 그러나 프로그램의 변화가 현실 적응에 충분하지 못하면, 한참 부족한 프로그램을 내장하고 있는 생물체는 그들의 적응 능력이 부족한 값을 언젠가는 반드시 치러야 했다. 즉, 스트레스 반응을 자꾸 느끼게 됐다. 간혹 뇌에서 신경세포를 훨씬 복합적으로, 그리고 쓰기에 따라서는 예전보다 기능이 훨씬 강화된 프로그램을 만들어 내는 후손들이 등장할 때가 있었다. 그렇게 하여 아주 작은 걸음이나 때로는 성큼 큰 걸음을 내딛기도 하면서 이 진화 과정이 일어났다.

물론 아무 데서나 누구에게나 가능한 일은 아니었다. 그럴 수 있는 조건이 있었다. 점점 더 다양해지고 예상할 수 없는 환경 변화에 남들보다 더 잘—다시 말해 장기적으로 스트레스를 받지 않으면서—적응할 수 있는 프로그램을 갖춘 생물체만이 여기에 해당하였다. 그 결과 학습 능력이 더 향상된 뇌, 적응력이 더 뛰어난 행동 양식이 늘 새로이 탄생했다. 너무나 경직된 프로그램을 담고 있어서 도저히 이 길에 동참할 수 없는 생물은 모두 멸종해 갔다. 그런 일을 반복하면서 언제나 이 진화 과정을 일정한 방향으로 이끌어 갔던 저 위대한 안내자는 바로 척추동물 전체에 고유한 신경내분비 스트레스 반응이었다.

이렇게 볼 때 학습 능력을 갖춘 인간의 대뇌는 우리 상상의 범위를 넘어설 만큼 오랜 시간을 거치면서 생성되었다. 끊임없이 변화하는 세상에서 어떻게든 살아남으려고 애썼던 생물체 전체의 고통과 불안이 바로 이 뇌 속에 새겨져 있다. 앞으로 내딛는 작은 걸음 중 어느 것 하나도 우리의 머나먼 선조들이 처음엔 장기적인 스트레스를 겪으면서, 그 다음에는 목숨을 대가로 지불하지 않고 얻은 것은 없다.

이런 판단은 여전히 다윈C. Darwin의 입장에 근거한 것이다. 하지만 기꺼이 다윈주의자로 자처하는 이들의 관점에서도 많이 벗어나 있다. 다윈은 후대에 자기의 학설을 해석한 사람보다 훨씬 강한 어조로, 진화가 진행되면서 몇몇 특정한 사항이 어떻게 마치 보이지 않는 손에 이끌리듯 목적을 향해 한 방향으로 곧장 나아가게 되었느냐는 질문을 한다. 물론 그들 역시 고등동물의 진화 과정에서는 복합적인 행동 양식 모형이 점점 비중을 갖게 되었다는 것을 알고 있었다. 동시에 해부학적 특성을 계속 견지한다는 것은 점차 중요하지 않게 되었다.

환경에 맞지 않는 행동 프로그램을 내장하고 있는 동물은 시간차는 있지만 결국 멸종하고 만다는 것도 다윈은 잘 알고 있었다. 후손이나 그들 자신이 변화된 조건에 적응하지 못할 경우, 이는 피할 수 없는 결과였다. 그러나 그런 다윈도 적합하지 않은 행동 프로그램을 가지고 있는 생명체에게 불임과 멸종을 초래하는 기제가 고등동물의 몸 안에 들어 있다는 사실까지는 미처 알지 못했다. 하지만 신경내분비 스트레스 반응이라는 걸 전혀 모르면서도, 사람뿐 아니라 동물도—설사 착각일지라도—위협에 맞닥뜨리거나 위험이 지나간 걸 알았을 때 거의 같은 걸 느낀다는 것을 짐작하고 있었다. 스트레스 반응을 일으키는 불안과 스트레스 반응이 사라질 때 느끼는 안도감 같은 것을 동물도 분명히 알고 있었으리라는 걸 말이다.

이 묘한 기분은 종족별로 내장되어 있는 그야말로 태고의 신경 접속이 우리 뇌에서 활성화되면서 생겨난다. 포유동물에게는 사물을 볼 수 있는 눈이 있다. 마찬가지로 포유동물도 자극을 받으면 우리가 불안이라고 부르는 감정을 불러일으키고, 이 불안이 사라지면 기쁨과 안도감을 주는 저 오래된 스위치도 갖고 있다.

학습 능력이 있는 커다란 뇌는 아주 섬세한 물질이다. 그런데 이 뇌는 우리가 언덕 위에서 이미 알아챈 그 문제를 안고 있다. 예의 그 들길이 멋지고 넓은 길, 아니면 아예 고속도로로 변하고 나서가 문제이다. 여기서 저기로 신속하게 갈 수 있는 도로가 일단 만들어지고 나면, 많은 사람이 그저 그 길만을 이용하려 하기 때문이다. 그 길로 가서는 자기의 원래 목적지에 다다를 수 없는 경우에조차도 말이다.

공룡의 단계까지 뇌 안에는 단단하게 짜 맞추어진 신경 접속망

뿐이었다. 이것이 어떻게 가지를 치고 굵기는 어떠하며 그 분기점은 어디인가 같은 문제를 종에 고유하게 내장된 프로그램이 지정해 주었다. 그런데 그 이후에 진화된, 지금 우리가 알고 있는 새로운 뇌는 어떤가? 여기서는 처음엔 확고한 접속이 전혀 없다가, 그때그때 만들어지는 접속망의 종류와 사용 빈도에 따라 작은 길이 국도나 고속도로로 확장되는 현상을 보인다. 하지만 이 신경 궤도의 굵기라든가 가지치기, 분기점 따위는 역시 시간이 지남에 따라 확고해져서 나중에 보면 마치 어떤 프로그램의 영향을 받아 만들어진 것처럼 보인다. 따라서 아직껏 겪은 적이 없는 새로운 위협이 닥치면, 이런 뇌를 가진 사람은 석탄층에 묻힌 공룡과 다름없이 낭패를 볼 수밖에 없다.

어이없음, 불안이 엄습한다. 어떻게든 살아남기 위해 자기에게 익숙한 방법으로 자꾸 시도해 보지만 소용이 없다. 체념하고, 이어 다시 불안과 스트레스를 겪는다. 이 스트레스 때문에 불임이 되고 병을 앓는다. 언제까지 그러고 있어야 하는가? 이 진퇴양난의 어려움을 극복할 수 있는 해결책, 다시 말해 프로그램에 나타나는 자그마한 변화가 또다시 일어날 때까지다. 스트레스 호르몬이 그때까지는 주로 생명체의 세포들에게 자극을 주곤 했다. 남아 있는 자원을 전부 이 위급한 상황을 해결하는 쪽으로 동원하는 데 기여해 왔던 세포들에게, 이 자극은 그대로 전달되었다.

같은 일이 뇌에게도 일어날 수 있다. 여기서 생겨난 게 바로 변화된 프로그램이다. 이 새 프로그램 덕분에 뇌의 신경세포도 지속적 위협에 맞닥뜨려서 방출된 스트레스 호르몬의 영향을 받아 성격이 변할 수 있었다. 그때까지 지녀 왔던 접속을 다 해체하고 새로이 접속할 수 있는 토대를 마련하였다. 스트레스 호르몬의 영향력 아래서는 통행이 뜸해진 고속도로는 일반 도로나 보행로로 다시 줄어들어야만 했다. 실제로 그렇게 되었다. 공룡에서 포유동물로 가는 진화 과정 중 어딘가에서 바로 이 결정적인 변화가 일어났다. 그리고 이때부터 뇌의 재구성, 다시 말해 뇌 안에서 형성된 접속의 재구성이 가능해졌다.

고등척추동물의 신경내분비 스트레스 반응은 어류 단계에서부터 이미 발견된다. 대서양의 연어가 강 상류로 와서 알을 낳은 후 거기서 받는 스트레스를 견디지 못하고 죽는 경우가 그 좋은 예다. 교미 본능과 산란 본능이 발동되는 동안에는 이 스트레스가 억제된다. 물속 산란 공간이 자신을 얼마나 갑갑하게 조여 오는지, 수압이 얼마나 높은지, 먹이가 얼마나 부족한지 등을 이때 연어는 전혀 깨닫지 못하는 게 분명하다. 연어를 산란 직후에 곧장 강물에서 바다로 되돌려 보내면 죽지 않는다.

척추동물의 중추신경계 안에 포함된 글루코코르티코이드 수

용기가 동물의 종에 따라 어떤 차이를 보이고 표현되는지를 종별로 비교한 연구는 아직 없다. 스트레스 상황에서 분비된 글루코코르티코이드가 신경세포의 유전자 발현에 직접 영향을 미치는 것이 과연 생물체의 어느 발달 단계에서부터, 그리고 뇌의 어느 부분에서 일어나는지 여부는 다음과 같은 사실에서 유추해 낼 수 있다.

즉, 포유동물의 경우처럼 글루코코르티코이드 수용기를 아주 빽빽하게 담고 있는(변연계와 신피질) 뇌 구조는 파충조류 단계에 이르러서야 비로소 보이기 시작한다. 혈액 안에서 순환하는 호르몬이 중추신경계의 적응 과정을 알려 주는 신호로서 유용하게 쓰이려면 외부 요소의 영향을 전혀 받지 않는 혈액 순환이 필요하다. 최초의 온혈동물이 등장한 것도 위에서 말한 파충조류 단계에서부터다.

스트레스를 계기로 활성화되는 중추신경의 적응 과정이 바람직하게 사용되기 위해서는 뇌의 발달 속도가 완만해야 한다. 이 더딘 뇌 발달은 여기에서 요구되는 부화 행위의 진화와 보조를 맞추어 조류와 포유류의 단계에서부터 비로소 발생하기 시작했다.

여기서부터 이야기는 흥미진진해진다. 생물체가 종별로 진화하는 동안 뇌 용량을 확대하고 학습 능력을 증가시키는 유전 프로그램이 확실히 자리 잡도록 유도하는 것이 스트레스 반응이 하는 역할의 전부는 아니다. 우리가 살아가는 동안에 스트레스 반응은 유능한 조정자의 임무까지 떠맡는다. 처음에는 적합했던 길이 어느 때엔가 막다른 골목으로 드러날 경우, 이 길을 지워 버리고 새 길을 마련하는 것도 스트레스 반응이 하는 일이다. 이 두 경우 모두 불안 때문에 스트레스 반응이 일어난다.

역사적으로 보면, 스트레스 연구가 발전해 온 과정의 한편에는 매혹적인 결과가, 다른 한편으로는 개념적 혼란이 깊이 새겨져 있다. 그리고 전체적으로 통용되는 스트레스 모델은 아직까지도 발견되지 않았음을 상기할 필요가 있다. 스트레스라는 개념은 오늘날 매우 다면적으로 사용되어 거의 일상용어가 되었다. 따라서 이 말이 생겨난 과정과 개념화된 과정을 살펴볼 필요가 있다.

연구의 착안점과 결과, 이론적 모델 사이에 각각 모순이 없지는 않지만, 현시점에서 볼 때 지금까지 스트레스 연구는 대략 다음의 몇 가지 중요한 단계로 나눌 수 있다. 학문적으로 현대성을 갖춘 최초의 스트레스 연구자는 찰스 다윈이었다. 그가 '스트레스'라는 개념을 직접 사용한 건 아니지만, 자연환경에서 생명체를 끊임없이 위협하고 부추기는 어떤 종류의 힘을 알아보았다.

다윈은 가장 강하고 적응을 잘한 개체만 살아남게 하는 선택압을 만들어 낸 게 바로 이 '스트레스'라고 생각했다. 어떤 종의 이러한 '자기최적화Self-optimization'가 유전 차원에서, 즉 각각의 생물체는 유전적으로 더 우수한 인자를 가진 생물체를 선호하여 이 인자가 다음 세대로 계속 전해질 수 있도록 한다는 다윈의 확신은 스트레스 연구를 통해 그 후 그 정당성이 계속 입증되었다. 그는 선택압이라는 '스트레스'에 대한 개체의 반응을 생리와 행동이 하나의 단위로 통합된 '유기체 전체의 반응'으로 보았다. 다윈의 이 해석은 100년이 지난 후에야 스트레스 연구자들의 인정을 받는다. 오늘날 이 가설은 현대 스트레스 이론의 주춧돌이 되었다.

그로부터 몇 년 후 프랑스 생리학자인 클로드 베르나르C. Bernard가 확립한 기계론은 스트레스 연구 분야에서 수십 년 동안 위세를 떨쳤다. 1865년에 발표된 이 가설에서 유기체는 항구적으로 외부 세계와 교류하는, 이를테면 살아 있는 기계로 묘사되었다. 열이나 습도의 변화 같은 외부 영향으로 '내적 환경'이 방해를 받으면, '보호 기능'이 발동하여 이 훼손된 내적 환경을 다시 만들어 낸다. 반면에 재건에 실패할 경우에는 병이 들거나 죽게 된다는 것이다.

1914년 미국의 생리학자 월터 캐넌W. Cannon이 베르나르의 이

학설을 지지하고 나섰다. 내부 환경을 정상적으로 유지하는 이 기능을 그는 '항상성'이라고 이름 붙였다. 내부 환경의 균형을 깨는 외부의 방해 요소를 '스트레스'라고 처음 부르기 시작한 사람도 캐넌이다. 그는 또한 스트레스가 되는 부담 상황에 대한 유기체의 반응에 카테콜아민이 중요한 의미를 갖는다는 사실도 최초로 알아냈다. 카테콜아민의 분비가 증가할수록 유기체는 '대결이냐 도주냐'라는 반응 태세를 갖추기 쉽다(캐넌은 이를 '위급 상황 반응'이라고 함. 1914/1932).

스트레스 연구에 큰 영향을 끼친 사람으로 캐나다의 임상의학 의사인 한스 셀리에H. Selye가 있다. 1936년에 그는 스트레스가 병의 원인이 된다는 사실을 처음으로 밝혀냈다. 먼저 들쥐들을 굉장히 고통스러운 상황(열, 추위, 먹이 부족, 부상 등)에 던져 놓고 관찰했다. 그러자 부신피질 비대, 흉선과 림프소절 위축 출혈, 위 점막의 짓무름 증상이 나타났다. 그는 1946년 다양한 스트레스에 대한 고정 반응과 평범 반응을 설명하는 '일반 적응 증후군' 모델을 개발하였다. 전반적으로 모든 기관을 활성화시키는 이른바 '경보 국면'이 지나면 '저항 국면'이 온다. 여기서 스트레스를 야기하는 요인이 사라지지 않고 계속 남아 있는 경우, 사태는 '소진 국면'으로 접어든다. 위에서 말한 신체 기관의 변화는 바로 이 소진 국면에서 일어나며, 이는 생물체의 죽음을 가져온다.

셀리에는 스트레스에 대한 반응에서 코르티코스테로이드가 중심 역할을 한다는 것을 처음으로 발견했다. 그는 이 성분을 병원病原으로 보았다. 1971년에는 '부담에 대한 신체의 일반적 반응' 이라는 말로 스트레스를 정의하였다. 1974년 '병이 되는' 스트레스와 '건강을 유지하는' 스트레스를 구별하여 '불쾌 스트레스' 와 '유쾌 스트레스' 라는 개념을 도입한 것도 그의 공적이다.

셀리에가 (적어도 초기 연구에서는) 명시적으로는 아니라도 신체 내부의 생리적 균형—스트레스를 받은 신체 기관은 그 영향을 이겨 내고 원래 상태를 다시 찾거나, 그러지 못할 경우에는 병이 들게 된다는 모형—에 집착한 반면, 1953년 티허스트Tyhurst는 이 회복과 병 이외의 제3의 가능성을 시사했다. 이른바 재조직Reorgnization, 즉 유기체의 변화를 통한 스트레스 해결 방법이다.

래저러스Lazarus는 개개인이 스트레스에 어떻게 반응하는가는 그 개인이 상황의 요구를 주관적으로 어떻게 평가하느냐에 달려 있다고 봄으로써, 스트레스 연구에 새로운 시각을 도입하였다(1966). 포크먼Folkman과 함께 이 관점을 더욱 발전시킨 연구(1984)에서 그는 이 주관적 평가를 세 가지로 구분했다.

첫째는 어떤 사건이 개인의 인성에 미치는 영향이라는 관점에서 평가하는 것이고, 둘째는 개인적으로 해결해 낼 수 있는 일인가에 따른 평가이다. 마지막은 상황을 새롭게 평가하는 것이다. 이 세 단계를 거치고 나서 '해결 과정'이 이어진다.

메이슨Mason은 이 가설을 받아들이고 스트레스라는 개념을 새롭게 정의할 것을 주장하였다(1971). 자극원, 평가, 반응까지를 두루 포함하여 상호 반응하는 요소들을 총망라하는 정의를 요구한 것이다. 또한 그는 여기에서 그치지 않고, 스트레스를 받은 개체가 모두 비슷한 생리적 반응을 보이지 않는다는 사실도 수많은 실험을 통해 증명해 보였다. 스트레스 자극원에 따라 개체의 내부에서, 또 개체 상호간에 보이는 신경내분비적 반응은 그야말로 다양하기 이를 데 없음이 드러났다. 스트레스에 반응하는 양상에는 개인의 태도가 중요하다는 사실을 다윈 이래 처음으로 래저러스와 메이슨이 증명한 셈이었다.

실제로 부담스런 상황이 일어났을 때뿐만 아니라 그 상황을 그냥 예상하기만 해도 심리적 신경내분비 스트레스 반응이 일어난다는 것을 관찰할 수 있는데(무어-에드Moore-Ede, 1986), 이런 연구가 위의 가설을 더욱 강화시켜 주었다.

현대 스트레스 이론은 통합적 경향을 띤다. 이전의 연구 결과를 십분 참조하면서도, 스트레스라는 현상에 대한 그보다 훨씬 더 세분화된 관찰법을 제공하고 있다. 울슨Ursin과 올프Olff는 세 부분으로 구성된 스트레스 모델을 만들었다(1993). 이 모델은

'스트레스 자극원'과 '스트레스 평가 또는 스트레스 처리 시스템', '스트레스 반응'으로 각각 구분한다. 이 과정 전체를 함축하는 표현으로서 바이너Weiner는 '스트레스 경험stressful experience'이라는 개념을 제안하였다. 울슨과 올프는 스트레스의 성격에 따른 두 가지 반응 양상을 분리해야 한다고 주장했다(1993). 스트레스를 성공적으로 해결했을 경우에는 '일시적 스트레스 활성화'가 일어나서 아드레날린 분비 증가, 맥박 수 상승, 혈장테스토스테론 수치의 적정 증가 현상 등이 수반된다. 반면 스트레스를 해결할 방법이 없거나 해결하려 했으나 실패한 경우에는 이 스트레스가 '긴장을 증대시키게' 되고, 그 결과 얼마 후에는 심인성 질환으로 발전한다는 것이다.

심리적 부담이 생기는 과정과 이 부담이 개인의 사고와 감정, 행동에 끼치는 영향에 대해 인지심리학자들과 정신분석가들 역시 날이 갈수록 논의를 증대시키고 있다. 불안과 심리적 갈등의 원인과 결과에 대해, 이미 무수한 이론이 개발되었다. 그런데 정작 이 심리 과정의 근저에 놓여 있는 신경생물학적인 기제에 주의를 기울이는 사람은 거의 없다.

이 책에서 소개하는 '중추신경의 적응증후군'(휘터Hüther, 1996) 개념은 지금까지 생리학 아니면 심리학 분야 중 어느 한 쪽에만 초점을 맞추어서 연구되었던 스트레스와 불안의 개념을 하나로 이어 보려는 시도라 할 수 있다. 컨트롤할 수 있는 스트레스와 컨트롤할 수 없는 스트레스, 그리고 이 두 경우에 뇌 안의 신경 접속이 받는 안정화 영향과 불안정화 영향을 뚜렷이 분리할 때, 나는 약간 극단화된 모델로 설명을 한 셈이다. 관찰이 가능한 현상을 좀 더 잘 이해하여 눈에 안 보이는 심리 부담도 다루려면 이러한 과장이 불가피하다. 중추신경계의 노르아드레날린 시스템과 부신피질 시스템에 초점을 맞춘 것 역시 일종의 단순화였다고 볼 수 있다. 그 때문에 스트레스 반응이라는 이 일련의 과정에 관여한 다른 기제를 제대로 다루지 않고 넘어갔다. 이 개념은 불안과 스트레스의 원인과 결과를 새로운 각도에서 평가한다. 심리적 부담의 해악과 병리성이라는 일방적 도식에서 벗어나, 자체 조직화 과정과 적응 과정을 위해 이 현상의 의의를 밝혀내려 한 것이다.

불안을 생물학적 맥락에서 파악할 때, 그 개념의 폭이 다른 분야, 예를 들어 감정 연구 같은 분야보다 훨씬 넓다. 개개의 심인성 스트레스 반응에서 우선적으로 일어나는 감정을 표시하는 이 개념은 특정한 심리적 부담을 처리한 개인별 경험을 통해 변화를 겪게 마련이다. 맨 처음 느꼈던 불안이라는 감정은 이 개인적 경험에 속하는 것으로서, 아주 넓은 감정의 스펙트럼을 형성하게 된다. 맨 처음 불안을 극복한 경험에서 받은 느낌이 발전하여 불안의 새 감정이 되는 것이다. 이러한 극복의 경험은 정도의 차이는 있을지라도 불안 상황에서 이전에 가졌던 느낌을 완전히 지워 버리고 놀라움, 호기심, 기쁨, 때로는 한발 더 나아가 의욕이라는 느낌으로 감지되기에 이른다.

심리적 도전과 부담이 어떤 식으로 우리 뇌의 접속에 영향을 끼치는가 하는 문제를 천착하기 전에, 스트레스 반응을 일으키는 원인부터 잠깐 살펴보기로 하자.

04

04

막다른 길

망아지만 타고서야
아주 멀리 갈 수는 없지.
산 너머 또 산
언덕은 끝없이 이어지니까. 허니
다음 일까지 미리 다 생각하는 사람
미련하니 게으르니 하지 말기를.
아아, 세상은 너무나도 너르고
머리는 이렇게도 좁아터진 것을.

— 빌헬름 부쉬W. Busch

이 특별한 느낌을 모르는 사람이 있을까? 한 걸음도 더 나아갈 수 없이 막막한 상황에 맞닥뜨릴 때마다 항상 맛보곤 했던 느낌. 반드시 통과해야 할 어려운 시험을 코앞에 두고 있을 때, 사장이 해고하겠다고 으름장을 놓는 날, 사랑하는 사람이 떠나거나, 실현 불가능한 일을 기대하고 소망할 때……, 이럴 때 드는 기분 말이다. 마치 뱃속 저 깊은 곳에서 솟아나 머리카락 한 올 한 올에까지 스며드는 듯한 이 절절함. 한번 시작되었다 하면 심장이 여지없이 두근거리고, 귓속에선 맥박이 뚝딱거리며 울린다. 진땀으로 끈적거리는 손바닥. 게다가 화장실 출입은 왜 그리도 잦아지는지. 기분이 나빠지면서 한없이 무력감에 빠진다. 혼자 버림받은 듯 어쩔 줄 모르는 이 기분. 바로 불안이다.

불안은 그에 수반되는 온갖 증상이 뒤범벅된 이런 특수한 형태로 우리에게 다가온다. 뭔가가 우리 안에서 울컥 일어나더니, 단숨에 몸 전체로 쫙 퍼진다. 도저히 저항할 방법이 없다. 처음엔 그저, 바라지 않았던 어떤 일이 일어났다는 느낌밖에는 없다. 그런 후 한참이 지나서야 비로소 예기치 못한 이 일이 엄청난 기세와 폭으로 들이닥치는 걸 확실히 알게 된다. 그 순간 뇌 안에서 경고종이 딸랑거리기 시작한다. 우리는 필사적으로 해결책을 찾아 나선다. 지금 닥친 이 위협을 어떻게든 제거하여, 문제를 풀고 상황을 정리할 수 있어야 하는데! 수십억 개도 넘는 신경세포들 사이를 어떻게 접속해야 그게 가능해질까? 문제 해결 능력이 있는 새로운 행동 양식을 유도하는 전략으로서 이제 새 접속이 요구된다. 접속을 발견하여 가동시켜야 한다. 그것을 찾아내기만 하면 경고종 울림은 즉시 잦아들 것이다. 우리는 나름대로 현재 이 상황에 적합하다고 여기는 일을 여러 모로 시행해 본다. 그리고 그중 어느 하나가 적절한 대응책으로 판명되는 순간, 귀청을 찢던 경고종 소리는 일시에 그쳐 버린다. 휴우, 이젠 안심이다. 천만다행이지 뭐야!

우리가 여기서 경험한 것이 이른바 '컨트롤할 수 있는' 스트레스 반응이다. 이 반응이 생성되는 경로를 한번 살펴보자. 어떤 정보가 우리 뇌의 제일 바깥쪽, 즉 신경줄이 모두 집합하는 대뇌 피질에 도착하는 것으로 이야기는 시작된다. 헌데 이 정보는 바로 이때, 바로 이런 상황에서, 또는 바로 이런 방식으로 나타날 거라고는 전혀 예상하지 못한 정보이다. 그렇기 때문에 이 새 정보는 거기 이미 있으면서 늘 하던 식으로 진행되던 일의 흐름을 적잖이 교란시킨다. 흡사 한창 수업이 진행되는 교실에 불쑥 쳐들어와 여교사에게 따귀를 한 대 올리고는 아무 말 없이 유유히 사라져 버리는 정체불명의 침입자 같다. 교실 전체가 삽시간에 소란해진다. 여교사는 교장에게 달려가고, 사건의 소문은 들불처럼 학교 전체로 퍼져 나간다.

뇌의 경우로 이야기를 돌리자면, 표면에 발생한 흥분은 안쪽 아주 깊숙이 자리 잡고 있는 신경세포들에게까지 영향을 준다. 즉, 번져 가는 흥분 상태에 그들도 함께 휩쓸리게 되는 것이다. 그렇게 하여 이 흥분 상태는 아주 기다란, 다시 말해 잔가지가 무성한 돌기를 타고, 이 돌기의 본체인 신경세포들에까지 다다를 수 있게 된다. 그리고 이 세포들은 다시금 자기보다 위에 자리 잡은 뇌 영역 쪽으로 올라가면서 그곳에서 진행되는 일련의 과정에 영향을 미친다. 돌기를 무성하게 달고 있는 이 세포들이 뜨겁게 달아오르기 시작하면, 뇌가 온통 뒤흔들리면서 잠에서 깨게 된다. 이를테면, 비상사태에 돌입하는 것이다. 몇 분의 일 초밖에

되지 않는 짧은 시간 동안에 그동안 저장되었던 정보가 전부 탐색된다. 뿐만 아니라 신체 모든 부분을 돌아다니는 신경돌기를 통해 경고종도 동시에 울려 퍼진다. 신체 각 기관이 이 신호를 재깍 알아차린다. 부신은 창고에 저장했던 아드레날린—이른바 저 유명한 스트레스 호르몬 말이다—을 전부 퍼내어, 옆을 지나가는 혈액에 몽땅 주어 버린다. 심장은 미친 듯이 뛰기 시작하고, 혈관이 좁아진다. 근육은 신체가 어느 때라도 도약할 수 있을 만큼 팽팽히 긴장되고, 간의 에너지 여축분이 전부 동원되는가 하면, 동공이 완전히 열리고 머리카락이—물론 어느 정도 모발이 있는 사람에게만 해당하는 얘기지만—꼿꼿이 곤두선다. 개가 흥분하면 털을 있는 대로 다 세우는 것과 마찬가지로.

인간의 신경내분비 스트레스 반응 중 종의 발달 과정 초기에 형성된 신체 부분과 기제들은 다른 포유동물의 그것과 상당히 동일하다. 연상 작업을 거쳐 위협이라고 간주되는 새로운 자극 상황을 인지하는 과정은 연합 피질 구조와 연합 피질 하부 구조 내에 일반 가동 모델이 재생되어 일어난다. 여기서 특별한 역할을 담당하는 것은 전전두엽의 대뇌피질로, 특히 공감각적 자극과 예상 현상을 해석하는 일을 한다. 이 연합 대뇌피질 지역이 가동되면 변연계 안에 있는 특징적인 가동 모델이 재생될 수 있다. 변연계 내부에서는 편도가 무엇보다 중요하다. 들어오는 '자극' 유형들은 신체 내에 저장된 유전인자와 비슷한 계통발생적인 옛 신경망을 거치면서 '감정'으로 질적 변화를 하게 된다. 뇌줄기(뇌간)의 노르아드레날린 핵심 영역으로 투사가 축소되면서, 주변의 교감신경-부신수질(SAM : sympathetic-adrenal-medullary) 시스템을 자극한다. 청반과 뇌줄기의 노르아드레날린 뉴런 섬유소들이 증가하여, 편도 영역과 시상하부 핵심 영역에서 활발하게 움직이게 된다. 도파민 중뇌피질 돌기가 작동함으로써 전전두엽 대뇌피질 영역에서도 같은 현상이 일어난다. 이런 방식으로 피질, 변연계, 중추신경계의 노르아드레날린 핵심 영역이 상승적으로 작용하는 자극 모형이 생겨나게 되는 것이다. 다른 요소들이 개입되지 않을 경우, 이 모형은 뇌실결핵 내 신경분비세포를 활성화시키고 그 결과 시상하부-뇌하수체-부신피질(HPA : hypothalamic-pituitary-adrenal) 시스템을 자극한다. (아래 열거하는 사항은 다른 곳에서 상세히 논의된 바 있다. HPA 시스템이 활성화될 때 일어나는 부분 과정들, 시상하부 안팎의 호르몬, 그중에서도 특히 CRF(부신피질자극호르몬 방출 인자)와 바소프레신 분비가 갖는 의미, 이 신호 요소들의 분비를 변연계와 피질의 요소, 그 밖의 요소들을 투입하여 조절해 가는 방법, 노르아드레날린과 그 외의 전달 시스템이 이 활성화 과정과 어떤 관련이 있는가

하는 문제, 부신피질자극호르몬ACTH 분비를 자극하는 법, 이 과정에 수반되는 엔도르핀 생산과 분비의 증가, 부신피질자극호르몬 및 다른 요소들이 원인이 되어 부신피질 글루코코르티코이드의 분비를 자극하는 모습, 그리고 이 각종 변화의 곳곳에서 통제 기제와 규준화 기제가 각각 어떤 효과를 내는가 등(휘터, 1996)).

신경내분비 시스템은 새로운 종류의 자극, 예상치 못했던 자극을 받기만 하면 작동된다. 다시 말해 HPA 축을 전혀 건드리지 않거나 또는 아주 살짝 건드리는 정도의 스트레스 요인만 있어도 이 시스템이 가동될 수 있다. 그럼 어떤 경우에 이러한 컨트롤할 수 있는 스트레스 반응이 일어나는 것일까? 스트레스의 원인을 피하거나 척결할 수 있는 행동(억압 기제도 여기 포함된다) 대책이 있기는 하지만 그 효능이 현재 처한 상황의 문제를 완전히 해결할 만큼은 못 되어, 스트레스 반응이 일어나는 걸 막을 수 없을 때가 바로 그 경우다. 이런 컨트롤할 수 있는 부담 상황에서는 일단 중추신경계와 말초신경계의 노르아드레날린 SAM 시스템이 우선적으로 가동되고, HPA 축은 부득이한 경우에만—그것도 잠깐 동안만—자극을 받는다.

이렇게 대두된 위협적인 상황은, 사실 그 전에는 듣도 보도 못한, 비슷한 경험조차 없는 완전히 새로운 상황일 때가 가끔 있다.

일이 그쯤 되면, 바로 이전까지 마지막 해결책으로서 언제나 잘 먹혔던 방법이 더는 통하지 않게 된다. 예를 들어, 머리를 모래 속에 파묻고 마치 아무 일이 없는 양 사태 자체를 무시 또는 간과해 버린다든가, 아니면 삼십육계 줄행랑을 쳐서 일이 저절로 해결될 때까지 무조건 기다리는 등의 해결책 말이다. 사태가 너무 심각하여 그중 어느 방법도 쓸 수 없는 상태, 이를테면 길이란 길이 다 봉쇄되어 버리거나 아예 길 자체가 없어져 버린 상태가 되면, 지금까지의 경고종 소리에 사이렌 소리가 하나 더 첨가된다.

컨트롤할 수 있는 단계는 이미 지났다. 이마에서는 불안의 땀방울이 뚝뚝 떨어진다. 우리 뇌에서는 이제 그야말로 야단법석이 일어난다. 모든 게 엉망진창이 된다. 평소 우리의 생각이나 행동의 영향을 받는 일이 전혀 없던 신경 접속들이 갑자기 전부 흥분 상태에 빠진다. 물질이 분비되어 곁을 지나가는 혈액과 섞이면서 뇌의 아랫부분에 있는 분비선으로 옮겨진다. 이 물질은 뇌에 붙어 있는 분비선의 세포에서 어떤 호르몬이 방출되도록 한다. 이 호르몬은 곁을 지나가는 혈액과 함께 부신에 다다르게 되고, 이 부신에서 이윽고 코르티솔이라는 또 다른 스트레스 호르몬이 다량 방출된다. 코르티솔은 아드레날린보다 작용 범위가 훨씬 넓고 심도 있는 호르몬이다. 처음에는 그저 불안에 불과하던 것이 이제는 절망과 무력감, 어쩔 줄 모르는 심정으로 바뀐다. 신체에서 일어나는 스트레스 반응을 저지할 길이 없다. 이제는 컨트롤할 수 없는 상태에 이른 것이다. 뭐라도 좋으니 해결책이 없을까 필사적으로 사방을 더듬어 보나, 소용이 없다. 기적이 일어나 모든 게 전과 같이 돌아가기를 소망해 보지만 그것 역시 헛일. 기적이란 게 워낙 거의 일어나지 않는 것이니만큼, 우리에게 남은 거라고는 결국 운명에 고개를 숙이는 것뿐. 그 밖에 아무 다른 도리가 없다. 자기 불신에 휩싸여 괴로워하면서 우리는 지속적인 심리적 부담감이 우리 안에 비축된 에너지를 얼마나 사정없이 갉아먹는지를 깨닫게 된다. 피로와 무력감이 엄습하고 용기가 고갈됨을 느낀다. 저녁마다 우리는 기진맥진하여 자리에 눕는다. 그리고 다음날 아침이면 다시 어제와 똑같이 불편한 마음으로 눈을 뜬다. 왠지 초조하고 온몸이 마비된 것 같은 이 기묘한 느낌에서 우리는 막연하게나마 깨닫게 된다. 도저히 컨트롤할 수 없는 이 스트레스 반응에 언젠가는 종지부를 찍어야 한다는 것을. 이것을 해결하지 못하면 그걸로 끝장이라는 것을.

심리적 스트레스로 일어나는 반응은 어느 것을 막론하고 대뇌피질과 변연계를 한꺼번에 활성화시키고, 이는 중추신경계와 말초신경계의 노르아드레날린 시스템을 자극한다(각성). 이렇게 한꺼번에 활성화가 진행되다가 당면 과제가 해결될 가능성이 발견되는 순간 이와 관련된 신경 접속이 즉시 가동된다. 그러면서 그전에 한꺼번에 일어나던 활성화를 바로 지워 버린다. 무엇보다도 처음 활성화되었던 대뇌피질과 변연계 지역의 노르아드레날린 분비가 강화되어, 신경세포와 교세포에 일련의 불안정한 기능상의 변화가 오게 된다. 이 세포들은 문제 해결에 관련되는 신경 접속을 안정화하고 새로이 만들어 가는 데 직간접적으로 기여하게 된다. 어려운 문제가 발생했는데 그 문제 해결을 위해 본인이 아무런 행동을 취할 여지가 없을 경우, 그가 지금까지 애써 습득해 온 전략이나 반응 양식조차 전부 실패로 끝나 버리게 될 때가 이른바 '컨트롤할 수 없는 스트레스 반응' 상태다. 중추신경계와 말초신경계의 노르아드레날린 시스템의 대뇌피질, 변연계 구조가 장기적으로 활성화되고 있는 것이 이 상황을 나타내는 지표가 된다. 이 두 구조가 함께 상승작용을 하는 가운데 HPA 시스템이 활성화되면서, 부신피질을 통해 코르티솔이 장기적으로 다량 분비된다. 이 '컨트롤할 수 없는 스트레스 반응'이 뇌에 있던 기존의 접속에 끼치는 영향은, 그 성격과 양에서 앞에서 서술한 '컨트롤할 수 있는' 경우와는 사뭇 다르다.

뇌 안의 글루코코르티코이드 수용기 발견은, 지금까지 스트레스 연구에서 전혀 관심을 두지 않았던 현상, 즉 뇌는 단순히 스트레스 반응이 시작되는 곳일 뿐 아니라 이 반응의 중요한 목적지기도 하다는 점을 눈여겨보게 하는 계기가 되었다. 신경내분비 스트레스 반응이 일어나는 과정에 관계하는 메커니즘을 하나하나 규명해 가는 과정에서 뜻밖에도 분명해진 또 하나의 사실은 스트레스 자극원 때문에 중추신경계 자체에서 발생한 스트레스 반응이 (노르아드레날린 핵심부가 활성화되는 과정에서 카테콜아민 분비가 강화되는 현상이나 시상하부 축색돌기의 내외부, 예를 들어 편도나 뇌실곁핵 같은 것을 통해 CRF와 바소프레신의 분비가 증대하는 현상, 또 부신피질자극호르몬을 생산하는 뇌하수체 세포가 엔도르핀 분비를 자극하는 현상 등), 이때 발생하는 중추신경의 재편성 작업에 다양한 방식으로 영향을 줄 수 있다는 것이다. 스트레스로 생기는 교감신경계 자극, 부신수질계의 노르아드레날린과 아드레날린 분비 자극 역시 중추신경계에 직간접으로 광범위한 영향을 끼친다. 뇌의 혈액 순환에서부터 에너지 요소 교환을 위한 기질(基質 : 효소가 작용하여 화학 반응을 일으키는 물질) 양을 늘리는 일, 나아가 카테콜아민과 세로토닌 합성 이전 단계의 발생 가능성을 변화시키는 데까지 영향을 미친다. 혈액 내 글루코코르티코이드의 수치가 증대하면 결과는 중추신경계 안의 글루코코르티코이드 수용기가 즉시 활성화되는 것에 그치지 않는다. 해당 신경세포와 교세포의 기능이 장기간에 걸쳐 광범위한 영향을 받는다. 글루코코르티코이드가 간접적으로 중개

한 주변 효과(성호르몬 수치 강하, 합성 작용의 억제, 프로스타글란딘이나 사이토카인 같은 세포 상호 통신 매개체의 분비, 기초 생산량의 변화 등) 역시 스트레스를 받는 동안 중추신경계의 기능에 실로 다양하게 영향을 끼칠 수 있다.

스트레스를 받고 있는 동안 위에서 언급한 이런 기능 중 과연 어느 것이 활성화되고 어떤 장기적 변화가 생겨나는지 하는 것은 당사자가 자기가 처한 부담스런 상황을 과연 어떤 종류의 스트레스로 보는가, 다시 말해 스트레스의 원인이 된 문제를 어느 정도 컨트롤할 수 있는가에 달려 있다. 지금까지 마련된 접속은 장애를 해소하기에 원칙적으로 적합하다. 하지만 문제를 완전하게 또는 어느 정도 저절로 해결될 만큼 효과적이지 못할 경우가 있다. 이럴 때는 항상 컨트롤할 수 있는 스트레스 반응 쪽으로 판단이 내려진다. 이런 유의 스트레스를 가리키기에는 '도전'이라는 개념이 훨씬 더 적합할 것이다.

당면한 스트레스가 컨트롤할 수 없는 것으로 판명되면, 다시 말해 현재 보유하고 있는 (억압 기제도 포함한 총체적) 행동 전략 중 어느 것도 사태를 본래의 균형 상태로 되돌리는 데 전혀 도움이 되지 않는다는 게 확실해지는 경우에는 예외 없이 HPA 축이 장기적으로 활성화되고, 혈액 내 글루코코르티코이드의 수치가 시간이 가면서 계속 증대된다. 동물 실험을 하다 보면 이런 경우

이른바 '행동 억제' 현상을 관찰할 수 있다. 컨트롤할 수 없는 스트레스를 일으키는 다양한 원인을 거듭 경험하다 보면 '학습된 무기력' 상태에 빠지게 된다. 스트레스로 생기는 질병을 연구할 때 사용하는 동물 모델이 바로 이것이다.

이제 우리는 스트레스 반응에 두 가지가 있음을 알게 되었다. 하나는 잠시 지속되는 단기 스트레스 반응으로, 우리가 어느 정도 컨트롤할 수 있다. 해결책을 찾을 수 있기 때문에 우리는 이를 컨트롤할 수 있다. 반면에 두 번째 스트레스 반응은 며칠 또는 몇 주 동안 지속된다. 우리의 삶을 위협하고 위험으로 빠뜨리는 이 변화에 대처할 방안이 우리에게 도무지 떠오르지 않기 때문에, 혹은 기껏 생각난 것이 실행 불가능하거나 사태 해결에 전혀 효과가 없기 때문이다.

어느 경우에나 맨 처음 우리가 갖게 되는 느낌은 불안이다. 그러나 이 두 반응이 진행되는 과정에서 뇌와 신체에서 일어나는 변화는 사뭇 다르다. 조금 다른 게 아니라 아주 완전히 다르다. 변화뿐 아니라 지속 시간, 그 결과 이 두 스트레스 반응이 뇌와 신체에 끼치는 영향에도 커다란 차이가 있다. 어떤 부담스런 상황에 처했더라도 이를 컨트롤할 수 있다는 판단이 일단 서기만 하면, 모든 것이 단숨에 180도 전환한다. 조금 전까지도 위협이었던 것이 어느새 신선한 도전으로 바뀐다. 불안은 확신과 용기가 되고, 무력감은 의지로 변한다. 일을 성취하고 난 우리는 결과적으로 자신의 능력과 지식에 대한 신뢰가 그만큼 성장했음을 느낀다. 자랑스럽고 만족스러우며 기쁘고 또 조금은 행복하기까지 하다. 반면 우리에게 점점 다가오는 위험과 위협을 적시에 타결할 가능성이 우리에게 전혀 없음을 인정할 수밖에 없는 경우엔 이야기가 전혀 다르다. 이럴 때 불안은 금세 분노와 절망으로 바뀐다. 처음에는 그저 어찌할 바를 모르는 느낌이던 것이 지속적인 무력감이 되고, 그리 심각하지 않았던 초조감은 고통스런 의혹으로 탈바꿈한다. 우리의 자기 신뢰는 물론 용기도 자취를 감춰 버린다. 이 얼마나 처참하고 절망적인가? 불만스럽고 불행하기 짝이 없다.

스트레스 반응이 시작될 때 느끼는 불안이 사라지는 경우와 증대하는 경우의 감정 변화를 묘사하는 단어가 무척 많다. 그런데 잡으려고 쫓아오는 사냥개의 추격에서 벗어난 토끼가 느끼는 안도감과 기쁨, 행복과 만족감이 우리가 시험을 잘 치렀을 때의 느낌과 다른 게 있을까? 차에 실려 도살장으로 끌려가는 돼지의 느낌을 묘사할 때 우리는 왜 절망이라든가 무력감, 분노와 체념 같은 단어를 떠올리지 못할까? 이 처지에 놓인 돼지의 상태를 확인해 보니, 뇌의 분비 상태에서부터 혈액 내 스트레스 호르몬 양의 증대 현상까지 모든 것이 우리와 똑같았다.

컨트롤할 수 없는 스트레스 반응을 겪을 때의 느낌, 손가락 하나도 움직이지 못하고 그저 지켜만 봐야 하는 처지에서 갖는 느낌, 일이 일어나는 모양을……, 그런데 잠깐, 일의 모양이라……. 대체 무슨 일이 어떻게 된다는 말인가? 도무지 어떻게도 손을 쓸 수 없다는 느낌을 가지려면 도대체 어떤 일이 일어나야 하는 걸까?

이 물음에 대한 답은 우리의 느낌이 동물뿐 아니라 다른 사람에게도 전이될 수 있느냐는 질문의 답이 되기도 한다. 영국인이라면 "그거야 뭐 경우에 따라……"라고 말할 것이다. 옳은 말이다. 갑자기 닥친 생활의 변화를 해석하는 방법은 전적으로 개개인의 경험에 따라 천차만별이다. 어떤 사람에게는 도저히 이겨 낼 수 없는 위협이 다른 사람에게는 환영할 만한 도전이기도 하다.

앞에서 말한 토끼 같은 개별 행동자일 경우, 컨트롤할 수 없는 스트레스 반응을 일으키는 건 두 경우뿐이다. 자신의 생명이 위험하거나 종족 번식을 위해 배우자를 찾을 능력이 위협받을 때. 반면에 돼지처럼 사회적 조직에 익숙한 포유류는 무리와 떨어진다는 것 자체가 도저히 이겨 낼 수 없는 위협이 된다. 인간은 태어난 순간부터 경험하는 모든 것이 완전히 사회적인 요소, 즉 타인의 행동으로 각인되는 동물이다. 이 경우 타인과의 관계에서 일어날 수 있는 변화란 변화는 모두, 그 자체가 엄청난 불안을 야기한다. 컨트롤할 수 없는 불안 말이다. 가까운 사람을 잃어버리는 것뿐 아니라 그가 지속적으로 존재하는 것도 불안의 원인이 될 수 있다. 점점 멀어지는 현상도 너무 가까워지는 것과 똑같이 위협으로 느껴지기도 한다. 관계가 너무 차가워도, 너무 따뜻해도 그렇고, 책임감이 너무 투철한 사람과 믿을 수 없는 사람이 전부 우리를 불안하게 한다. 돼지, 또는 우리에게 가장 가까운 유인원과 비교할 때, 인간의 불안 요소 목록은 한없이 길게 늘어난다.

헌데 그게 전부가 아니다. 우리의 뇌는 우리가 살고 있는 세계의 사회적 관계 조직망에서 일어나는 극히 미세한 변화 그 이상을 포착할 수 있다. 다른 사람과 나눈 절절한 체험은 오랜 기간에 걸쳐 우리 뇌에 저장된다. 모욕을 당하거나 무참히 실패한 경험, 사소한 일에서 끊임없이 자신의 의지가 짓밟혔던 기억은 개인에게 감당하기 어려운 무거운 심적 부담을 새록새록 안겨 준다.

우리 인간이 원숭이를 비롯한 그 밖의 동물들과 다른 능력이 또 하나 있다. 인생에서 이런저런 일을 직접 경험하고 남들의 경험을 듣는 사이, 우리 뇌 안에서는 어떤 상像이 정립된다. 비단 우리 자신뿐 아니라 우리 주변 세상이 어떠어떠해야 한다는 당위에 관한 그림, 세상이 지금과 같은 모습이 된 이유, 현재 세계의 모습, 인간이 지구를 버릴 경우 과연 어떤 일이 벌어질까 하는 상상 등이 머리 안에 형성되는 것이다. 물론 이것은 전부 타당성을 검증할 수 없는 이상이거나 가설일 뿐이다. 하지만 우리는 할 수 있는 데까지 한껏 이 이상에 매달리고 또 그것을 믿는다. 따라서 하루하루의 생활에서 이 상상이 뒤흔들릴 때마다 우리는 위협받는 듯한 기분을 느낀다. 마치 누군가 권총을 우리 목뒤에다 꾹 누르고 카운트다운을 하고 있는 듯, 초조하기 짝이 없다. 혼자 힘으로는 컨트롤할 수 없는 스트레스 반응이 야기되는 것이다.

하기야 그저 사건을 머릿속에서 그리는 것만으로도 극심한 스트레스 반응을 만들어 낼 만큼 상상력이 풍부한 것 역시 인간뿐이다. 진땀으로 범벅이 되어 눈을 뜨고는, 그 모든 게 악몽이었다는 사실에 기뻐한다. 텔레비전을 끄거나 탐정소설을 옆으로 밀어 놓기만 하면 이전의 안전한 상태로 돌아갈 수 있다니, 참으로 다행 아닌가!

신경내분비 스트레스 반응이 중추신경 영역에서 어떤 모습으로 나타나는지를 알아내기 위한 동물 실험이 많이 시행되었다. 그 결과 얻어진 작용 모델을 인간에게도 그대로 적용할 수 있음이 여러 가지 사실로 뒷받침되었다. 사람의 경우 좀 특별한 점은 스트레스 반응으로 연합 피질이 막대하게 늘어나고, 그 결과 극도로 복합적인 내용들을 기억하는 장기 저장 능력, 감정을 조절하고 평가하는 능력, 상황에 맞게 행동을 조절하는 능력을 보유하게 된 것이다.

최근 몇 년 사이에 동물 실험을 통한 스트레스 연구로 밝혀진 바로는, 인간의 경우 스트레스 반응은 다음 몇 가지 요소의 영향을 받아 결정된다. 스트레스의 원인이 된 특정 사건을 그 개인이 이전에 어떻게 경험했는가, 자기가 컨트롤할 수 있는 스트레스라고 상정하는 범위는 어디까지인가, 사회('사회의 지원' 또는 '사회적 신분')가 스트레스에 끼치는 영향 정도 등을 이러한 요소로 꼽을 수 있다. 인간의 스트레스 반응 과정에서는 이 요소가 동물보다 큰 비중으로 작용한다. 같은 스트레스에 대한 반응도 개인에 따라 엄청난 편차를 보이는 것도 같은 이유에서다.

실험에 입각한 스트레스 연구에서 아직까지 전혀 다루지 않은 문제가 하나 있다. 종족 나름의 특별한 의미를 갖는 그때그때의 생존 조건하에서 스트레스 반응을 일으키는 일반 요인들과 그 빈도에 대한 연구가 바로 그것이다. 사회적으로 조직화된 포유동물 전반, 그중에서도 특히 인간에게는 사회심리적 갈등이—여차하면 컨트롤할 수 없는 가능성을 내포한—스트레스 반응을 일으키는 가장 중요한 요인이자 가장 빈번한 요인이다. 사회적인 행동 전략(모방 전략)을 충분히 개발해서 갖추고 있지 못한 개인의 경우에 특히 스트레스에 시달리기 쉽다. 그러나 설사 어떤 사회적 틀에 맞추어 썩 효과 있는 모방 전략을 개발했다고 해도, 그 틀 자체가 전혀 의외의 방향으로 급속히 변해 버리면 대책 없기는 마찬가지다. 파트너 상실로 일어나는 사회적 대인관계 구조의 전반적 변화가 그 한 예가 되겠다. 문화적, 사회적 규범의 급격한 변화로 이런 변화가 초래되기도 한다. 이런 사건들은 당사자에게 컨트롤할 수 없는 부담을 주는 원인이 된다.

그 밖에 컨트롤할 수 없는 스트레스를 일으키는 요인 중에 흔한 것으로는 자신이 상정한 목표에 도달할 수 없는 상황, 주어진 사회문화적인 맥락에서 당연히 그래야 할 것으로 느껴지는 욕구나 소망을 이루지 못하는 상황 등이 있다. 중요한 정보를 갖지 못하면 상식에 어긋난 처신을 하게 되고, 결국 사회심리적 스트레스에 시달리게 된다. 이것과 마찬가지로 정보가 쓸데없이 너무 많아도 행동을 결정하지 못하고 우물쭈물하다가 컨트롤할 수 없는 스트레스에 눌리게 될 수 있다. 가지고 있는 정보를 현재 당면한 사태에 맞추어 중요한 차례대로 분류해 낼 능력이 없을 경우에 일어나는 현상이다. 사실상 연합 능력을 활용해서 스트레스가 일어나는 장면을 상상할 수 있는 존재, 아니 그것으로 그치지 않고 그 상상을 토대로 신경내분비 반응을 일으킬 수 있는 존재는 세상 전체를 통틀어 인간뿐이다. 그런데 두려움을 불러일으킨 저 각본은 상상의 세계에만 존재하기 때문에, 거기 합당하게 실제로 반응할 수가 없다. 따라서 컨트롤할 수 없는 스트레스 반응을 피할 길이 없는 것이다.

자신의 불안을 아예 부정해 버리는 능력, 또는 마치 모든 걸 다 쉽게 해결할 수 있는 것처럼 치부해 버리는 능력을 가진 사람이 얼마나 많은지, 참 경탄할 만하다. 이런 이들은 두려운 게 뭐냐는 질문에 그저 어깨를 한번 으쓱해 보이곤 그만이다. 불안 같은 건 모른다는 말이다. '적어도 지금 여기서는 아무것도 두려울 게 없다', '불안이라는 걸 제대로 느껴 본 기억조차 없다' 등의 얘기가 이구동성으로 나온다.

물론 몇 가지 사소한 경험이 문득 떠오르는 사람은 가끔 있다. 예를 들어, 거미에게 놀랐던 기억 같은 것. 3년 전 슈퍼마켓에서 바나나를 사면서 제일 좋은 걸 고르려고 바나나 더미 맨 밑을 뒤적이고 있을 때 갑자기 튀어나온 커다란 거미. 또는 지난여름에 물에 빠져 죽을 뻔했던 기억이 되살아날 수도 있다. 여름방학 때 바닷가로 놀러 가 수영을 하고 있는데 갑자기 파도에 휩쓸렸던 기억. 하마터면 대서양 한가운데 물귀신이 될 뻔하지 않았던가? "아, 뭐 다 경험을 통해 영리해지는 거야" 하면서 서둘러 이런 말을 덧붙인다. "그 다음부터는 절대로 바나나 더미를 이리저리 뒤적거리질 않지. 해변에서 바다 쪽으로 너무 멀리 헤엄쳐 가는 것도 삼가고 말이야." 위험을 그렇게 미리 알아서 피하기 때문에 이제 불안은 전혀 느끼지 않는다는 게 그들의 한결같은 주장이다.

그래도 불안이라고는 모르는 이 느긋한 기분을 단숨에 망쳐 버릴 일이 뭐가 있을지 한 번 더 잘 생각해 보라고, 이런 사람들을 끈질기게 물고 늘어져 보라. 처음 얼마 동안은 입을 다물고 열심히 생각할 것이다. 그러다가 다음 순간, 판에 박은 듯한 대답이 권총에서 탄환 발사되듯 연달아 쏟아져 나온다. 가족을 부양할 돈이 갑자기 동난다면 정말 끔찍할 것이다, 불치병에 걸리면, 실업자가 된다면, 배우자나 연인이 떠나 버리면, 자녀들이 마약 중독자가 되면, 기후 변화로 지구가 황폐화된다면, 근처에서 원자로가 폭발한다면, 경제가 완전히 불황에 빠진다면, 또…….

불안을 느끼는 것 자체를 완벽에 가까울 만큼 감쪽같이 부정해 버리는 이 능력은 특히 남성에게서 쉽게 발견된다. 그 이유는 뭘까? 여성이 출생 당시부터 생각과 감정, 행동을 결정하는 신경 접속이 훨씬 섬세하고 복잡한 걸까? 아니면 특정한 전략을 써서 불안을 깨끗이 해결할 수 있다는 확신을 남성이 여성보다 살아가면서 훨씬 많이 얻는 걸까? 어린아이들, 특히 사내아이들을 잘 관찰해 보면, 불안 상황을 해결하기 위해 발견한 트릭이라면 뭐든 가리지 않고 수없이 시험한다는 것을 알 수 있다. 높은 나무에 잘 올라간다고 칭찬받은 사내아이는 얼마 지나지 않아 바로 나무

타기 천재가 된다. 컴퓨터 게임에 한번 성공해 본 경험이 있는 아이는 그 일에 푹 빠져 컴퓨터광이 되기 쉽다. 다른 아이들이 겁을 먹고 높은 나무나 컴퓨터를 피해 빙 돌아갈 때, 이런 아이들은 호기심과 설렘에 차서 명랑하다. 원래의 불안이 내면에서 극복되면서, 긍정적 감정으로 변화한 것이다.

남들의 감탄과 인정을 받으며 자신이 안전하다는 것을 거듭 확인하는 경험을 하게 되면, 사람에게는 불안을 극복할 힘이 생긴다. 그러다 보면 언젠가는 정말로 불안이라곤 모르게 될 수도 있다. 물론 기존의 상황에 아무 변화가 없을 때 얘기지만. 평소 그렇게 성공적으로 작용했던 전략이 어느 날 효력이 없어지기 시작하면, 혹은 확실히 안전하다고 믿었던 기반이 한쪽 구석에서부터 조금씩 무너지기 시작하면, 그땐 옛날에 품었던 불안이 다시 슬금슬금 몰려오게 마련이다. 불쌍하여라, 상황이 이쯤 되었는데도 여전히 나무 타기나 컴퓨터 게임밖에는 내놓을 대안이 없는 자!

05

05

빠져나가는 길

아무것도 아는 것 없는 자, 그 무엇도 사랑하지 못한다.

아무것도 할 수 없는 자, 그 무엇도 이해하지 못한다.

아무것도 이해하지 못하는 자, 아무 가치도 없다.

그러나 이해하는 자, 그는 사랑하고,

깨닫고 또 볼 수도 있으니…….

인식이 많이 내재한 사물일수록

사랑 또한 그만큼 큰 것을…….

딸기가 익을 때면 다른 과실도

함께 다 익는 것으로 아는 자라면

포도에 관해선 아는 게 전혀 없으리.

— 파라셀수스Paracelsus

아이들로서야 살아가는 데 필요한 게 얼마나 많은지 아직 알 턱이 없다. 고작 서너 가지 아는 것을 전부려니 여기고 살아간다. 자기들의 자그마한 삶의 세계 안에서 삶을 위협하는 구체적 변화가 일어나고 난 후에야 아이들은 비로소 불안을 느낀다. 이 경우 대개는 그저 시끄럽게 한바탕 소란을 피는 것으로, 이 불안과 함께 오는 스트레스 반응을 컨트롤할 수 있다. 하지만 어른이건 아이건 나이를 먹어 감에 따라, 나름대로 경험하게 되는 삶의 국면도 그에 비례하여 복잡해진다. 그러면서 생존에 필수적인 삼박자, 즉 신체 · 정신 · 감정의 균형을 유지하기가 점점 어려워짐을 깨닫게 된다. 그리하여 우리는 빠져나갈 길을, 이 점점 커져 가는 불안에 대처할 만한 해결 방안을 모색하게 된다.

그중에서 제일 흔하게 택하는 방법은 그냥 모른 척하는 길, 다시 말해 불안을 야기할 수 있는 모든 사항을 아예 감관으로 받아들이지 않는 것이다. 하지만 이 길은 머지않아 앞이 막혀 버린다. 처음에야 좋다. 힘 안 들이고 그냥 걸어 들어가서, '아! 여기는 경고판도 맨홀도 없구나' 하며 한동안 흐뭇해할 수 있으니까. 하지만 얼마 안 있어 더는 앞으로 나아갈 수 없는 막다른 곳에 이르게 된다. 설사 그게 아니라도, 아무튼 지금까지처럼 계속되지 않는 지점에 이르면? 그럴 때 어쩔 수 없이 일어나는 컨트롤할 수 없는 스트레스 반응 때문에 양자택일의 선택 앞에 서게 된다. 자기 불신을 느끼면서 다시 시작하든가, 아니면 무능하게 주저앉아 병이 들든가.

실제로 존재하는 위험과 위협을 인지하지 않으려 하는 건, 긴 안목으로 볼 때 불안을 처리하는 방법으로 그야말로 빵점이다. 사람만큼 오랫동안 불안을 억제할 수 있는 동물은 없다. 그리고 설령 그런 생물체가 있다고 해도, 그 생물은 부적합한 억제 프로그램과 함께 일찌감치 지구상에서 소멸했을 것이다. 불안을 해결하기에 그보다 훨씬 나은 방법이 얼마든지 있다. 동물들조차도 이런 방법을 터득하고 있다.

스트레스 연구자들이 선호하는 실험실용 들쥐는 많은 연구자를 절망에 빠뜨렸다. 여러 세대에 걸쳐 쥐를 이용해 실험을 거듭해 온 연구자들은 특별히 '다루기 편한' 쥐만을 가려내어 그들끼리 거듭 교배를 시켰다. 어떤 경우에도 흥분하거나 평정을 잃는 일이 없는 쥐, 사납게 뛰어 돌아다니거나 물어뜯는 일이 없는 쥐, 우리에서 꺼내 어떤 이상하고 귀찮은 실험을 해도 절대로 저항하는 일이 없는 쥐만을 골랐다. 그 결과 오늘날, 저 특수 선발 절차를 거쳐 엄선된 실험용 들쥐의 최근 자손들은 어떤가? 스토아학파처럼 금욕적이고, 참을성에는 한이 없으며, 남에 대한 신뢰도 놀랄 만큼 많다. 이런 종류의 들쥐에게서 스트레스 반응을 측정해 낸다는 것은, 특별한 장치가 없이는 거의 불가능하다. 뜨겁게 달구어진 판이라든가, 전기 쇼크, 얼음처럼 차가운 물, 꽁꽁 붙들어 매기…….

우리의 스트레스 연구자들이 온갖 방법을 생각해 냈지만, 성과는 미미하였다. 한 번이나 두 번, 기껏해야 연이어 세 번쯤 효과가 있을까? 그러나 그러고 나면 그만이었다. 더는 스트레스를 받지 않았다. 실험 끝. 어느 정도 시간이 흐른 뒤에는 쥐들 자신도 아예 흥미를 잃은 듯했다. 원인은 그들이 여전히 보유하고 있는 한 가지 능력, 즉 학습 능력 때문이었다. 지금의 이 학대와 고통이 영원히 지속되지 않는다는 것, 시간과 함께 결국 다 지나갈 것이고, 따라서 자기들의 생명을 위협하지는 못할 거라는 걸 알기 때문이다. 그러니 같은 종류의 자극이 거듭될 때마다 거기서 생겨나는 스트레스 반응이 그만큼 더 컨트롤할 수 있는 것으로 변해 버리는 마당에, 도대체 어떻게 컨트롤할 수 없는 스트레스 반응을 측정할 수 있겠는가? 실험을 거듭할 때마다 쥐가 변해 가는 데에는 아무리 정교한 측정기라도 별 수 없이, 곧 무용지물이 되고 말았다. 국면이 변한 것이다. 하여, 스트레스 연구자들은 이 예기치 못한 결과 앞에 한동안 어안이 벙벙하여 앉아 있을 수밖에 없었다. 어느 날 그들의 머리에 어떤 사실이 (사실은 오래전부터 이미 알고 있었지만) 새삼 떠오를 때까지. 지금까지 살아오면서 경험한 모든 것, 아주 특정한 위협을 처리하면서 개인적으로 습득한 지식이야말로, 같은 유의 경험을 급작스럽게 하게 될 때 그 사람(들쥐도 예외는 아니다)의 반응에 결정적 영향을 끼친다는 사실 말이다.

아주 어린아이들을 살펴보면 가장 분명하게 알 수 있다. 아주 잠깐이라도 혼자 남게 되면, 처음에 아이들은 젖 먹던 힘을 다해 울기 시작한다. 혼자는 감당할 수 없는 스트레스 반응을 어떻게 해서든 외면하려는 그들 나름의 해결 방법이다. 엄마라면 누구나 이 반응을 잘 안다. 그렇기 때문에 엄마는 여러 날, 때로는 여러 주에 걸쳐서 아이를 데리고 이 짧은 숨바꼭질 놀이를 반복한다. 놀이가 거듭됨에 따라 아이의 불안이 점차 감소하는 걸 엄마는 느낀다. 더불어, 엄마를 갑자기 잃어버리는 것과 같은 겁나는 일도 나름대로 통제할 수 있게 되면서 아이의 확신도 자라난다.

우리는 누구나 살아오면서 나름대로 경험을 쌓는다. 어떤 특정한 문제나 어려움을 해결하기 위해, 아니 최소한 견디기 위해 자기가 할 수 있는 게 뭔지를 배웠다. 어떤 요구나 부담이 자신에게 제일 견디기 어려운 것인지 아주 잘 알고 있다. 그래서 개중에는 그런 상황을 일찌감치 가려내는 고감도 안테나를 발달시킨 사람도 있다. 그래서 자기에게 다가올 어려움을 아예 초반에 피해 가는 극도로 교묘한 작전을 개발하기도 한다. 아니면 아예 때를 보아 삼십육계 줄행랑을 치든가. 그중 어떤 쪽으로 일을 성사시키는가 하는 건—들쥐의 경우도 사람과 다르지 않다—대개 몇 가지 요소에 따라 결정된다. 그 사람의 타고난 성향, 살아오면서 그가 겪어야 했던 고통, 당시에 그 고통을 처리해 냈던 방법 등.

낯선 것이나 처음 만나는 것, 알지 못하는 것에 대해서 갓 태어난 아기들도 저마다 다르게 반응한다는 걸, 아이를 여럿 키워 본 사람이면 잘 알고 있다. 뿐만 아니라 자라면서 사람은 누구나 자기에게만 있는 고유한 세계에서 성장하게 된다. 같은 나이, 같은 환경에서도 다른 사람의 경험과는 전혀 다른 위협과 도전, 위험을 경험한다. 이 문제를 푸는 방법 또한 남과 같은 적이 결코 없다. 그러므로 모든 사람은 성장기의 어느 시점에서나 각자 다 고유한 존재일 수밖에 없다. 누구나 자기만의 경험, 그 경험의 역사를 가지고 있다. 여기에 부모에게 물려받은 경험, 선조의 경험 같은 것이 각각 프로그램의 형태로 보태진다. 지극히 개인적인 이 경험 보물 창고는 그 사람이 앞으로 살아가면서 그때그때 어떤 결정을 내리게 될지를 좌우한다. 과거의 경험에서 개인 내면에 간직되어 온 것이야말로 바로, 그가 앞으로 갈 방향을 확고하게 정해 버리는 것이다. 개인적으로 그것이 그 사람의 마음에 드느냐 들지 않느냐, 또는 현재 우리에게 통용되는 인간의 사고, 감정, 행동의 자유라는 표상과 일치하느냐 않느냐 하는 것과는 또 다른 문제이다.

무엇인가 결정을 내릴 때 우리가 완전히 이 과거 경험에서 자유로울 수 있는 건 단지 한 경우뿐이다. 지금까지 해 온 식으로는 도저히 더 나아갈 수 없을 때, 지금까지 지녀 온 생각과 느낌과 행동의 전략이 이제는 부적합하거나 실행 불가능한 것으로 입증되었을 때 말이다. 우리에게 점점 더 위협적으로 다가오는 변화, 도저히 피해 가거나 묵인할 수 없을 만큼 위험해 보이는 일의 진전을 어떻게 해서든 저지하고 싶지만 도무지 방법이 없을 때가 있다. 이럴 때면 저 불편한 느낌이 며칠이고 머릿속에서 우리를 심란하게 한다. 혈액 속의 스트레스 호르몬 양을 측정해 볼 필요도 없이, 컨트롤할 수 없는 스트레스 반응이 분명하다. 그때까지 우리가 온갖 도전에 얼마나 능숙하게 대처해 왔는가, 이 점에서 자신을 얼마나 높이 평가하는가 따위는 아무 의미가 없다. 머릿속 저 깊은 곳에서 스며 나오는 이 느낌이 우리에게, 앞으로는 결코 지금까지처럼 되지 않는다는 메시지를 의심의 여지없이 전하기 때문이다. 문제가 있을 때마다 단독으로, 남의 도움 없이 우리 자신의 상상에 따라 얼마든지 잘 해결해 왔다고, 지금까지 얼마나 확신하고 또 자랑스러워했던가! 하지만 머릿속의 이 사라지지 않는 느낌은 우리에게, 그 믿음이 사실은 치명적인 잘못이었다고 분명히 이야기한다. 아무리 위대한 개인주의자라도, 아무리 유능한 매니저라도 마찬가지다. 누구누구 할 것 없이, 이 느낌에 사로잡히면 언젠가는 자기 혼자 힘으로는 이 난국을 타개할 수 없음을, 누군가의 도움이 필요하다는 것을 깨닫게 된다. 자기를 도와줄 수 있는 사람, 설령 도와줄 수 없더라도 최소한 곁에 있으면서 자기 얘기를 들어주고 위로해 줄 수 있는 사람, 어떤 식으로든 자기편이 되어 줄 사람이 절실해진다.

생각과 감정과 행동면에서 탄탄대로만을 걸어오던 사람이라도, 살다 보면 이렇게 언젠가 한 번은 꼭 불현듯 그 자리에 멈춰서게 되는 행운을 경험한다. 그 길이 아무리 성공적인 길이었어도, 아무리 빈번히 이용했던 길이었어도 말이다. 물론 고통스럽기 짝이 없는 체험이다. 하지만 그렇게 하지 않고서는, 지금껏 오랫동안 가지 않아 잡풀이 우거져 버린 길을 다시 찾기란 거의 불가능하다. 이제야 비로소 그는 자유로워진다. 아마 새로 배워야 할 것도 있으리라. 예를 들어, 자기보다 훨씬 느리게 차를 몰았던 사람이라면 결코 그렇게 빨리 망각하지 않았을 다음 두 가지 사실을 말이다. 그것은 첫째, 스트레스 반응은 늘 불안으로 시작된다는 것이다. 그리고 둘째, 문제 자체를 좀 더 능숙하게 처리하는 쪽으로 능력 개발에 힘쓰는 것만이 유일한 해결책은 아니라는 것이다. 자기 혼자 힘으로는 컨트롤할 수 없는 부담이나 위협에 맞닥뜨리면 불안해진다. 끝도 없이 자꾸만 솟아나는 이 불안을 해결할 수 있는 전략에 두 가지가 있는데, 위에서 말한 건 그 중 한 가지가 될 것이다. 왜냐하면 어떤 특정 부담과 위협을 해결하여 컨트롤할 수 없는 스트레스 반응이 일어나지 않도록 하는 것이 살아오는 과정에서 얻은 지식과 능력 한 가지만은 아니기 때문이다. 다른 또 하나는 자기를 도와주는 사람이 있다는 느낌이다. 자기는 혼자가 아니라는 느낌, 필요할 때 조언을 구할 수 있는 사람, 자기편에 서 주는 사람, 얘기를 들어주고 위로해 주며 함께 느껴 주는 사람이 있다는 것은 우리의 불안을 씻어 주고 스트레스 반응을 저지시켜 준다.

앞에서 우리는 실험용 들쥐 이야기를 한 적이 있다. 처음에는 위협으로 받아들였던 일이 사실은 그저 실험에 지나지 않는다는 것을 분명히 알게 되자, 들쥐들은 더는 스트레스 반응을 보이지 않았다. 스트레스 연구자들로서는 난감한 현상이었다. 헌데 원숭이의 경우는 한술 더 떴다. 자기 '친구' 가 곁에 있게 되자마자, 불안이 씻은 듯이 사라졌기 때문이다. 그 결과, 스트레스 반응도 전혀 생기지 않았다. 이 현상을 확인하자, 연구자들은 벌어진 입을 다물 수가 없었다. 새로 개발된 '항불안 항스트레스' 약품의 효능을 검토하기 위해 아주 간단한 실험을 하던 참이었다.

원숭이 한 마리를 우리 속에 가두고, 개 한 마리를 데려와 우리 주변을 어슬렁대면서 으르렁거리게 했다. 당연히 원숭이는 겁에 잔뜩 질렸고, 혈액 안의 스트레스 호르몬 수치는 순식간에 높이 치솟았다. 이번에는 다른 원숭이를 한 마리 더 데려와 문제의 그 진정제를 먹인 후, 먼저의 그 원숭이 곁에 앉혔다. 개가 다시 우리 주변을 맴돌면서 짖었다. 그러나 진정제를 먹은 두 번째 원숭이는 이 컹컹거림에 전혀 동요하지 않았다. 아하, 약이 효력을 발휘하는구먼, 하고 연구자들이 막 확신하려는 찰나. 그런데 이건 또 무슨 일인가? 진정제를 먹지 않은 채 처음부터 우리 안에 앉아 있던 그 첫번째 원숭이의 호르몬 수치 역시 전혀 올라가지 않았던 것이다! 그래서 두 번째 원숭이를 우리에서 꺼내 왔더니, 첫번째 원숭이가 스트레스 반응을 보였다. 하루가 지난 후 이 실험을 또 한 번 실시했다. 처음과 한 가지 달라진 점은 나중에 들어가는 원숭이도 진정제를 먹지 않았다는 점이다. 그 밖에는 모든 게 전날과 똑같이 진행되었다. 두 마리 중 한 마리가 혼자 우리 안에 앉아 개를 보자, 스트레스 호르몬 수치가 엄청나게 급상승하였다. 그러나 두 마리가 함께 우리 안에 있게 되자 상황은 180도 달라졌다. 우리 바깥에서야 개가 짖건 말건, 우리 안의 원숭이들은 꿈쩍도 하지 않았다. 반면에 전혀 다른 지역 출생이어서 서로 낯이 선 원숭이 두 마리를 우리에 함께 넣었을 때엔 스트레스 반응 저지에 아무 효과를 보지 못했다. 아무 원숭이나 그저 함께 있는다고 스트레스가 감소되는 건 아니었다. 오래 알고 지낸 사이, 즉 좋은 친구가 곁에 있을 때만 효과가 있었다. 연구자들로서는 전혀 예상하지 못한 결과였다. 사회 조직을 영위하는 포유동물, 그중에서도 특히 사람에게는 말할 나위도 없이 해당되는 일이다. 항불안 항스트레스제로서 가장 효력이 있고 중요한 처방을 마침내 찾은 것이다. 비단 이 연구자들뿐 아니라 전 세계의 이 분야 종사자들이 지금까지 그렇게 오랫동안 찾아 헤매던 바로 그 진정제……. 지금까지도 많은 이가 이해하지 못하는 여러 가지 일이, 갑자기 설명 가능해진 것이다.

사람의 경우 위의 원숭이들과 조금 다른 점이 있다면, 소위 친구가 반드시 곁에 있어야만 불안이 덜어지는 건 아니라는 정도이다. 친구나 엄마, 할아버지, 그 누구라도 좋다. 그저 우리에게 심정적으로 가까운 사람이 존재하고 우리를 생각하고 있다는 사실, 필요할 경우에 이들은 온힘을 다해 우리를 도울 거라는 사실을 아는 것으로도 이미 충분하다. 아니, 꼭 사람이 아니라도 좋다. 경우에 따라서는 개, 고양이, 혹은 카나리아도 그 역할을 할 수 있다. 우리가 앞에 놓고 얘기를 들려줄 수 있는 생물이라면 어느 것이나. 뿐인가, 때로는 그림이나 음악도 우리에게 힘이 될 수 있다. 이들을 우리가 마음 깊이 받아들일 때, 머릿속에 버티고 있던 이 묘하고 불쾌한 느낌이 신기하게도 사라지는 게 느껴진다면. 뿐인가, 설령 모두가 우리를 실망시키고 우리를 떠난 뒤라도 우리에게는 믿음이 있다. 우리를 늘 보호해 주고 옳은 길로 인도해 줄 누군가가 있다는 걸, 우리는 믿을 수 있는 것이다.

불안을 다 쫓아내는 이 강렬한 느낌의 이름은 무엇인가? 인간의 가장 큰 두려움인 죽음에 대한 공포까지도 잊게 하는, 그래서 자기를 핍박하는 이들 앞에서 불타는 장작더미 위에 던져지거나 십자가에 못 박혀도 노래를 읊조리며 마지막 순간을 맞게 하는 저 위대한 느낌은 과연 무엇인가? 아이를 구하기 위해 급류에 서슴없이 뛰어드는 감정, 아내를 살리려고 활활 타오르는 불길도 마다하지 않고 집 안으로 뛰어 들어가게 하는 힘, 조국을 '원수'의 손에서 구하기 위해 용감히 전쟁터로 나가게 하는 원동력도 이와 다르지 않다.

왜 우리에겐 이 강렬한 느낌을 표현하기에 적당한 말이 없는 것일까?

불안을 이기고 승리하는 이 감정을 뭐라고 불러야 할지 우리는 막연하나마 알고 있다. 사랑! 하지만 이 세상엔 자기 주변의 사람과 사물 모두를 다 끌어안을 만큼 사랑의 능력이 충분한 사람은 몇 안 된다는 것도 알고 있다. 반면에 이런 사람들에게는 불안이 거의 없다. 일반적으로 사람은, 살아오면서 생긴 자신의 구체적인 불안을 억눌러 줄 수 있는 것을 사랑한다. 그 대상은 자기 자신이나 자신의 능력, 성공일 때가 많다. 때에 따라서는 자동차가 될 수도, 어쩌면 성인이 된 다음에도 여전히 부모를 사랑할 수도 있다. 그리고 어쩌다 가끔 배우자를 사랑한다. 그에 비해 자녀들은 항상 사랑하는 편이다. 자기가 키우는 개나 말을 사랑할 수도 있다. 하지만 이 사랑이 우리가 고향이라고 부르는 것, 이웃, 숲, 새, 자연을 두루 다 포괄하는 경우는 드물다. 반면에 우리는 이념과 우상을 사랑하기도 한다. 이상향에 열광하기도 하고, 종교적 표상이나 정치적 목표 등 그야말로 이루 다 셀 수 없을 만큼 여러 가지를 좋아하고 또 거기에 반한다.

하지만 설사 불안을 견딜 만하게 해 주는 무언가를 이 세상에서 발견한 사람이라 해도, 다음 순간 벌써 새 불안이 엄습하는 걸 피할 길은 없다. 바로 자기가 사랑하는 걸 다시 잃어버릴지도 모른다는 불안 말이다. 인생의 갖가지 위협을 참고 조절하기 위해 자기가 꼭 필요로 하는 이것을 저기 다가오는 그 누군가가 단숨에 앗아갈 수 있음을 느끼자마자, 이 불안은 아주 분명한 이름을 부여받게 된다. 증오!

이렇게 하여, 불완전한 사랑은 항상 증오를 낳는 과정이 반복된다. 증오, 분노, 공격성, 적대감, 전쟁. 그리고 증오의 대상이 되는 그 편에서는 다시금 새로운 불안이 생겨난다.

어떤 개인이 발견한 사랑과 사랑할 만한 능력이란 덮개가 그의 커다란 치부, 즉 적나라한 불안을 가리기에 너무 얇으면 얇을수록 증오는 커진다. 자기가 컨트롤할 수 없는 스트레스 반응에서 보호해 줄 이 목숨처럼 소중한 대상을 손톱만큼이라도 빼앗으려는 자가 있으면, 그만큼 상대를 강렬히 미워할 수밖에 없다. 이 마당에 화해란 불가능하다. 증오를 유발하는 원인에는 여러 가지가 있다. 지금까지 통용되던 질서를 동요시킨 제3자, 자기의 지위를 불안케 하는 경쟁자, 때로는 자기의 지시를 따르지 않는 부하 직원이 증오의 대상이 될 수도 있다. 그런가 하면 자기가 책임져야 한다고 느끼는 사람들을 증오하는 경우도 있다. 배우자라든가 부모, 자녀가 자기에게 너무 많은 걸 요구하거나 자기 자신의 모습에 회의를 품게 한다고 느낄 때. 뿐만 아니라 자기가 필요로 하는 사람, 자기에게 가까운 사람들에게 증오를 품기도 한다. 이들이 자기에게 등을 돌리면, 그 결과 지금까지와 달리 이제부턴 자기의 불안을 완화시켜 줄 수 없거나 그럴 마음이 없다는 걸 느끼는 순간, 사랑은 증오로 바뀐다. 타인을 향한 이런 증오는 종종 맹목적인 파괴와 분노의 형태를 띤다. 자기에게 상처를 준 사람들이 특별히 사랑하는 것, 특히 소중한 것이 모두 분노의 대상이 된다. 그러나 사람은 자기 자신에게 분노를 품기도 한다. 자신에 대한 남의 기대치나 스스로 부여한 기대치를 도저히 채울 수 없다고 믿을 때, 자기 자신을 증오하고 자해한다. 자신이 만들어 낸 자기 보호막이 자신을 더는 안전하게 지켜주지 못한다는 걸 확인하는 경우도 마찬가지다.

그러므로 이 세상에서 불안이 완전히 사라지는 건 쉬운 일이 아니다. 누구나 자기 주변의 사물을 인식하고 이해하고, 그 결과 모두 사랑할 수 있을 만큼의 성장을 전 인류가 동시에 이뤘을 때, 그때야 그렇게 될까?

정신분석학의 창시자인 지그문트 프로이트는 사랑을 일단 성적 현상으로 간주했다.

"성적인(성기의) 사랑이 인간에게 가장 강렬한 만족 체험을 준다는 경험에 비춰 볼 때, 생의 행복감 충족을 성관계 영역에서 찾고 성기의 에로틱을 삶의 중심에 놓는 것은 지극히 당연한 일이다."

프로이트와 그의 많은 추종자는 이웃사랑 역시 성적 욕망의 결과라고 이야기한다. 단지 이때에는 성적 충동이 '목표에 도달하지 못하는 충동'으로 변모할 뿐이라는 것이다.

"목표에 도달하지 못하는 사랑 역시 원래는 순전히 감각적인 사랑이며, 인간의 무의식에서는 아직도 감각적인 사랑으로 남아 있다."

전체를 포괄하는 사랑, 인간이 불안을 이길 수 있게 해 주는 가장 강력한 힘인 사랑을 프로이트는 병적인 퇴행, 아동기 초기의 '제한받지 않은 자기도취'가 다시 살아난 것으로 해석했다(프로이트, 『문명 속의 불만*Das Unbehagen in der Kultur*』(프로이트 전집 제14권)(프랑크푸르트 : 피셔출판사, 1960), pp.419~506).

06

06

기초가 놓이는 길

찾아다니기에 지치고 나서

발견하는 것을 익혔다.

바람 한줄기가 내게 맞서는 것을 본 다음부터

있는 바람을 전부 동원해 돛배를 몬다.

— 프리드리히 니체F. Nietzsche

스트레스, 불안, 사랑, 증오……. 여기 우리가 긋고 있는 건 도대체 무슨 획인가? 우리의 뇌와 신체에서 진행되고 있는 스트레스 반응. 이 스트레스의 원인과 결과를 측정해 내는 정밀하고 조금은 딱딱한 생물학에서부터 시작한 얘기가, 심리학자들 자신도 그 연원에 대해 제대로 알지 못하는 추상적 감정에까지 이어지고 있다. 우리가 혹시 길을 잘못 든 건 아닌지, 잠시 자리를 잡고 앉아서 숙고해 보는 게 좋을 것 같다.

증오는 누군가 우리에게서 소중한 것을 강탈해 갈 거라고 느낄 때 솟는다. 남에게 인정을 받지 못하거나 비웃음을 살지 모른다는 두려움, 따돌림 받거나 홀로 버려지는 데 대한 겁을 지금껏 누르고 살 수 있게 해 주었던 바로 그것을 빼앗길 것 같을 때 드는 기분. 이런 불안을 이겨 내는 데 도움이 되어 왔던 것은 무엇보다도 우리의 지식과 경험이었다. 어떤 일은 내겐 특별히 견디기 어려운 부담이 되니, 그렇게 만들 수 있는 원인을 애초부터 제거하자는 사전 준비. 이런 일이 실제로 닥쳤을 때 직접 해결해 가는 과정에서 얻은 여러 가지 깨달음. 우리는 경험에서 얻은 이 깨달음을 유익하게 사용하여 보호감을 느끼고 싶어 하는 동시에, 다른 사람과 가까워지려고 노력한다. 불안으로 뇌와 신체 안에 생성되는 일련의 연속 반응 고리를 억제하고 싶기 때문이다. 이 스트레스 반응을 우리는 신경내분비 스트레스 반응이라고 부른다.

위급 상황에서 일어나는 이 비상 반응은 공룡 세계에서도 이미 있었을 만큼 그 역사가 깊다. 삶의 조건이 급속도로 변화했을 때 유연하게 대응하지 못한 짐승들이 멸종하곤 했던 건 이 스트레스 반응과 직접적인 관계가 있다. 뇌 속 신경세포들의 상호 접속을 관장하여 그 생물체의 행동 양식을 결정하는 게 이 프로그램이니만큼, 새 환경에서 생물체가 목숨을 부지하지 못할 때에는 부적절한 이 프로그램도 함께 사라질 수밖에 없었다. 따라서 '언젠가는 프로그램에 자그마한 변화가 일어날 수밖에 없다. 그렇게 되면 그때까지 스트레스 반응이 진행되는 동안 분비되었던 호르몬이 이제는 직접 뇌 속의 신경 접속에 관여하여 변화를 초래하게 될 것이다' 라고 이미 앞에서 이야기한 바 있다. '아하!' 라고 탄성을 지르며 당신은 벌떡 일어나 앉는다.

"바로 그거였구나! 그게 잘못되면 나머지 것도 다 볼 게 없는 거야. 반면에 그 프로그램이 들어맞으면, 이때에는 현재 우리 주변의 동물들한테서도 이것을 찾아낼 수 있는 거지. 새로운 걸 배울 만큼 몰랑몰랑한 뇌를 가진 동물들이라면 전부 이런 프로그램을 갖고 있어야 하고말고."

자, 이제 우리 다시 자리에 앉도록 하자. 당신이 말한 바로 그대로다! 확실히 자연은 우리가 상상하는 것 이상으로 발명 능력이 풍부하다. 공룡 단계에서 현재까지 이르는 과정에서 인간이 찾아낸 뇌 프로그램의 변화들, 그 하나하나가 자연에도 이미 다 있었으니 말이다. 뿐인가, 때에 따라서는 한 가지 변화를 일으키는 프로그램이 여러 개씩 있던 적도 있었다. 이 점은 아래에서 다시 한 번 다룰 것이다.

편의상 '길' 이라는 이미지로 묶어 보긴 했지만, 뇌 안에서 일어나는 신경 접속과 실제 도로 위의 현상이 서로 꼭 닮았다고 할 수는 없다. 실제 도로는 이미 나 있는 길을 따라 여기서 저기로 곧장 이동하는 반면, 뇌 안의 전기 자극은 한 신경세포에서 다른 신경세포로 이동하는 길에 그때마다 일종의 수송선을 사용하기 때문이다. 신경세포가 자극을 받으면, 이 자극은 순식간에 세포의 표면 전체로 퍼져 나간다. 정도의 차이는 있지만 어쨌든 상당히 긴, 때로는 여러 갈래로 가지를 친 돌기의 맨 끝부분까지 자극이 확산된다. 하지만 바로 거기, 즉 다음 신경세포의 코앞에서 이 자극은 다시 멈추고 만다. 여기서 생겨나는 틈이라는 게 전자현미경으로나 관찰해야 겨우 보일 만큼 미세한 공백이기는 하다. 그러나 전기 도선이 중간에 끊어지면 전기가 더는 흐르지 못하고 말듯이, 이 경우도 자극의 전달은 중단되어 버린다. 이것을 다시 이으려면 트릭을 써야 한다.

전기 자극이 도달할 때마다 신경세포의 끝부분 하나하나(시냅스)가 화학 물질을 배출한다. 이것이 신경전달물질이다. 이 전달물질이 두 세포 사이의 미세한 틈을 헤엄쳐 다가가면서 다음 신경세포의 다른 쪽에 살짝 다다르게 되면 그 지점에서 새로 자극이 일어나게 된다. 이런 방식으로 자극이 한 세포에서 다음 신경세포로 훌쩍 뛰어 닿으면서 돌기들을 타고 점점 퍼져 나가, 이 가지들이 닿아 있는 곳이면 어디든 다 도달하게 된다. 한 신경망에서 다른 신경망으로, 때에 따라서는 여러 신경망에까지 말이다. 이 신경망들 안에서는 여러 자극이 동시에 모여들어 서로서로 영향을 주고받는다. 그중 특정한 몇 가지 세포는, 다음 차례인 신경세포가 자극을 덜 받거나 더 받도록 전달물질을 방출한다. 일단 일어난 자극은 약화되기도 하고 강화되기도 하면서 차츰 일정한 궤도를 형성한다.

우리의 뇌 안 수십억 개 신경세포 사이의 연결망은 우리가 상상할 수 있는 그 어떤 도로망보다도 훨씬 촘촘할 뿐만 아니라, 거기서 갈려 나간 가지의 수도 비교할 수 없이 많다. 그중에는 유독 작은 국부 그물망이 있다. 이 망의 접속은 특히 좁고 긴밀해서, 아주 특별한 정보를 처리할 수 있다. 이 국부 그물망은 신경섬유들을 통해 다른 국부 그물망과 연결되어 좀 더 크고 복잡한 그물망을 형성한다. 왼쪽 뇌피질과 오른쪽 뇌피질의 그물망 사이에는 아주 긴밀한 접속이 자리 잡고 있는데, 이는 뇌의 표층과 심층에 자리 잡은 그물망 간에도 마찬가지다. 감각 기관에서 오는 신경 궤도와 신체에서 오는 신경 궤도는 이 국부 그물망 중 아주 특수한 망에 와서 안쪽으로 연결된다. 그 외의 궤도들은 전부 이 그물망에서 신체의 전 영역으로, 즉 근육 섬유소 하나하나와 모든 돌기, 모든 기관으로 연결되어 나간다.

우리 뇌 안의 신경세포 돌기들 사이에 자리 잡은 이 접속들을 갈래의 맨 마지막 부분까지 추적해 보려는 건 아무래도 무모한 시도가 될 것이다. 지구상의 자동차 도로와 인도, 마소가 다닐 길까지 빠짐없이 다 담은 지도를 제작해 보겠다는 욕심보다 더 어리석은 일인지도 모른다. 그러다 보면 금세 전체를 조망하기 어렵게 되기 때문이다.

우리의 뇌가 담고 있는 신경 궤도엔 여러 가지가 있다. 정보를 전기 자극의 형태로 뇌 속으로 전달, 거기서 가능한 한 그물망 전체에 퍼뜨린 후 어느 부분에선가 다시 밖으로 빼내 오는 그런 궤도만 있는 건 아니다. 이 자극들이 따라가야 할 길과 전진 속도를 결정하는 데 영향력을 행사하는 것 외에는 다른 아무 기능도 하지 않는 신경 궤도도 있다. 돌기로 뇌 전체를 덮고 있으면서도 직접 자극의 이동에는 전혀 참여하지 않고 흐름의 방향만 조정하는 이런 신경세포들이 없다면, 우리의 뇌는 마치 단순한 컴퓨터처럼 앞쪽에서 입력하면 뒤편에서 출력하는 기능만 하게 될 것이다. 즉, 이 세포들은 고속도로의 교통관제 시스템이나 정체 보도나 우회 안내를 하는 교통 방송 같은 역할을 한다.

우리 뇌의 이러한 교통관제 시스템들은 모두 어디선가 삐걱거려야 비로소 활성화된다. 이런 일이 제일 흔하게 일어나는 곳은 어쩔 수 없이 모든 길이 집합되는 곳, 즉 우리 뇌피질의 그물망이다. 끊임없이 입수되는 정보를 저장되어 있던 기존 정보와 비교하는 작업이 바로 여기서 이루어진다. 하나가 다른 것에 잘 맞지 않거나 전혀 예상치 못했던 새 정보가 등장할 때마다—말하자면 불안이 생성되거나 스트레스 반응이 발생하는 바로 그 순간에—여기서는 모든 게 뒤죽박죽이 되고 부산해진다. 스트레스 반응의 제일 초기 단계에서 뇌 속에 형성되는 '제어 시스템'은 중추신경계의 노르아드레날린 시스템이다. 항상 말초신경계에 있는 (자기와 비슷한) 노르아드레날린 시스템과 함께 활성화되는데, 심장이 갑자기 심하게 고동치기 시작한다든가 이마에 식은땀이 죽 흐르는 증상에서 쉽게 알아볼 수 있다.

이 시스템은 소위 정체 현상이나 교통사고가 있을 때면 언제나 작동되어, 신경세포 전체가 갑자기 정신을 바짝 차리게끔 한다. 그 결과 정보 흐름이 신속하고 효과적으로 보다 유리한 장소에 다다를 수 있도록 돕는다. '보다 유리한 장소'라는 것은 여기서, 특정한 신경 궤도와 신경 접속을 말한다. 돌발적인 위협을 어떻게든 제거할 수 있게—우선은 정확하게 사태를 주시한 다음, 개개의 상황에 따라 도주나 공격, 또는 그 외의 적극적 사태 해결 방법을 쓰도록—행동과 반응을 유도해 주는 신경 궤도와 접속이 필요한 것이다.

오늘날 CNS에서 이루어지는 정보 처리는, 서로 긴밀하게 접속되어 있는 다초점적인 신경망들이 연속적이면서도 병렬적으로 활성화되는 과정으로 이해되고 있다. 이 그물망 하나하나는 각각 다른 그물망과 구조적으로 단단히 결합된 접속 모형을 보유한다. 이 모형들은 발생 진행 과정에서 형성된 것으로, 그 사용 방법에 따라 모양이 변하고 새것으로 거듭 대치된다(경험의존적 가소성). CNS 곳곳에서 작동되는 국부 그물망의 활동과 효능은 투사 범위가 상당히 넓어 때로는 서로 겹치기도 하면서 '범지역적' 시스템의 영향하에 상호 조절된다(메슐람Mesulam, 1990). 이 광대한 시스템 중 하나가 CNS다. 이 시스템의 뉴런들은 뇌줄기의 청반과 카테콜아민 핵 안에 자리 잡고 있다. 이 뉴런에서 여러 겹으로 가지를 친 축색돌기들은 사실상 CNS 안 어느 영역이든 다 도달할 수 있으므로, 거기 자리한 국부 그물망에 영향을 끼친다. 이 노르아드레날린 핵심부에는 그 나름으로 뇌 상부의 변연계 영역, 대뇌피질 영역과 연결되는 입구가 있다. 연합 피질 영역이나 연합 변연계 영역에서 뉴런의 활동이 강화될 때마다(경보 자극, 각성), 말하자면 평소 통용되던 자극 모형과 다른 새로운 자극이 있을 때마다, 이 뇌 상부가 노르아드레날린 뉴런을 자극하게 된다(애버크럼비Abercrombie&제이콥스Jacobs, 1987; 제이콥스 외, 1991; 래처Lachuer 외, 1991). 그 결과 노르아드레날린 분비량이 증대되고, 그 영향으로 이번에는 거기 있던 신경망 뉴런이 새로 접속되는데, 변연계와 대뇌피질 영역 최종 도달점에 이르면 이 새 그물망의 흥분도는 매우 특징적인 변화를 보인다. 자발적 행동력이 감소되는 반면, 외부에서 들어오는 자극에 반응하는 성향이 강화되는 것이다. 이렇게 개선된 성향은 '신호-흥분' 상관관계로 확립되어, 특수 자극에 대해 이 국부 그물망이 매우 선택적 신경 반응을 하게끔 한다(푸트Foot 외, 1983; 코엘Cole&로빈스Robbins, 1992). 행동과 태도 차원에서 이 상호 관계는 내부나 외부 자극에 대한 집약적 반응, 감지된 정보의 보다 신속한 처리, 처리 결과의 행동화를 초래한다. 이렇게 하여 어느 스트레스 반응에서나 다 일어나게 마련인 노르아드레날린 활성화는 각성 수준(vigilance level : 주의력이 증대되어 반응 태세가 갖추어진 상태의 정도)을 전반적으로 고조시킨다. 이 과정이 진행되는 동안 국부 그물망으로 유입된 정보들은 평소보다, 즉 노르아드레날린 시스템이 가동되지 않은 경우보다 훨씬 집약적이고 지속적으로 기억되면서 처리된다(애스턴-존스Aston-Jones, 1986; 제이콥스 외, 1991). 노르아드레날린 시스템이 파괴되면 뇌의 작업 능력이 일반적으로 상당히 저하된다(에버리트Everitt 외, 1983; 로빈스, 1984). 중추신경계의 노르아드레날린 시스템은 언제나—적어도 동물 실험 결과로 보아서는—말초신경계의 노르아드레날린 시스템과 함께 동시에 활성화된다(애버크럼비& 제이콥스, 1987). 이 주변 노르아드레날린 시스템의 영향은 스트레스 반응이 일어날 때마다 신체에 가장 뚜렷이 나타난다.

위협을 이렇게 피할 수 있는 경우라면 아무 문제가 없다. 그저 '컨트롤할 수 있는 스트레스 반응'을 체험한 것뿐이니까. 노르아드레날린 시스템은 달아오르기를 중지하고, 교통 방송은 전 구간에 걸쳐 다시 소통이 원활해졌음을 보도한다. 이제 기름을 넣고 앞으로 나가는 것만 남았다고 운전자는 생각한다. 지금까지 왔던 대로 계속하면 그만이라고 말이다. 하지만 이는 또 하나의 착각이다. 우선 자연은 운전자가 아니다. 주어지는 기회를 전부 활용하여 현재 존재하는 구간의 연결망, 즉 우리 뇌 안의 신경 접속을 상황의 실제 요구에 적응시키는 것이 자연이다.

스트레스 반응이 일어날 때마다 맨 처음 활성화되는 노르아드레날린 시스템이 할 수 있는 일에는 아주 잘 장치된 컴퓨터에 의존해서 작용하는 교통관제 시스템이라 해도 해낼 수 없는 것이 있다. 뇌피질의 그물망에 그때그때 일어난 소동을 성공적으로 해결해 주는 바로 그 신경 접속이 언제고 즉시 생겨날 수 있도록 환경을 조성하는 역할 말이다. 우리도 특정한 부담을 해결하기 위해서는 결국 이 신경 접속을 사용하게 되는데, 이것이 되도록이면 빨리, 효과적으로, 더 낫게, 더 유익하게 되도록 하는 데 이 노르아드레날린 시스템이 사용된다고 보면 된다.

교통관제 시스템이라면 아무렴 그렇게 작용해야지! 단순히 정체 구간 보고나 우회로 제안만 하는 걸로 그쳐서야 너무 미진하지 않겠나? 필요하면 우회 구간에 당장 도로 건축 지시를 내려, 이 도로가 즉석에서 합리적으로 건설되도록 신경을 써 주어야 비로소 제 역할을 다하게 될 것이다. 우리 뇌 안에 있는 노르아드레날린 시스템이 바로 이 일을 담당한다. 믿기 어려운 일이지만, 우리 뇌는 정말로 우리 자신보다 훨씬 영리한 것 같다.

정체가 일어난 구간을 피해 되도록 빨리 시내에 도착하기 위해 울퉁불퉁한 샛길을 택한 사람이라면 누구나 달리는 내내 이렇게 자문할 것이다.

"머리를 잘 쓰는 운전자들이 이 길을 점점 많이 달리게 되면, 그 덕분에 지금 이렇게 울퉁불퉁하고 구불구불한 이 길이 언젠가는 반듯하고 평평하게 될까?"

이제 우리는 이 문제에 대한 해답을 안다. 어떤 길을 그저 많이 달리기만 한다면 그 길은 기껏해야 언젠가는 바닥이 골라지고 도폭이 좀 더 넓어질 뿐이다. 번듯한 도로가 되려면 다른 일이 더 일어나야 한다. 우선 제대로 된 도로 기반을 구축한 후, 자갈로 채워야 한다. 다음에는 전체를 불도저로 꽉꽉 눌러 밟고 나서 아스팔트를 부어 굳혀야 한다. 도로선이 그어지고 교통신호 표지판과 도로 표지판도 세워야 한다. 이런 일들이 바로 노르아드레날린 시스템이 우리 뇌 안의 신경 접속을 가지고 하는 작업이다. 이 접속이 노르아드레날린의 신경 조건으로 분비된 경고 요소의 영향을 받고 그 결과 진행되는 일련의 변화에 함께 휩쓸리면서 '궤도가 만들어진다' (뇌 연구자들이 쓰는 전문용어로, 정말 문자 그대로 이렇게 말한다). 이렇게 하여, 처음에는 아직 그저 우리 사고와 느낌의 울퉁불퉁한 들길에 불과하던 것이 점차 일반 도로가 되고, 때에 따라서는 널따란 고속도로로 변하는 것이다.

아드레날린 수용기들은 뉴런뿐 아니라 교세포와 내피세포(혈관세포)에도 존재한다. 따라서 투사 영역이 광범위한 노르아드레날린 시스템은 뇌의 역할을 특수하면서도 동시에 전체적인 방식으로 변화 적응시킬 수 있다. 즉, 뇌혈관의 아드레날린 수용기들이 자극을 받으면 뇌의 순환이 강화되고, 글루코오스 흡수와 에너지 요소의 교체(브라이언Bryan, 1992)가 활발해진다. 별아교세포(표피세포)의 작용으로 글루코오스와 젖산(신경세포에 에너지를 공급해 줌)(펜트리스Pentreath 외, 1986; 소르그Sorg&마지스트레티Magistretti, 1991)이 방출되는 동시에 향신경성 인자(신경세포의 성장을 촉진하는 물질)(후루카와古川 외, 1989; 에이링Eiring 외, 1992)의 분비도 일어난다. 그러면 이번에는 이것이 인접 뉴런의 유전자 발현을 조절하여, 뇌 안에서 가소성 변화(신경돌기의 성숙, 시냅스의 재생, 시냅스 생성 등)를 일으킨다(스톤Stone 외, 1992; 로젠버그Rosenberg, 1992; 바카리노Vaccarino 외, 1993).

노르아드레날린의 축색돌기 중 상당 부분, 특히 대뇌피질 안에 있는 신경은 끝부분이 일반적으로 볼 수 있는 것과는 전혀 다른 자유로운 형태를 보인다. 스트레스 반응이 진행되는 과정에서 세포 바깥으로 방출된 노르아드레날린은 전달 요소로서뿐 아니라 일종의 호르몬과 흡사한 방식으로 작용하기도 한다. 컨트롤할 수 있는 스트레스 반응이 일어나는 동안 신경 시냅스가 어떻게 접속되는가에, 이 별아교세포의 향신경성 기능을 일으키는 노르아드레날린 시스템 자극이 대단히 중요한 역할을 한다는 사실이 여러 모로 증명되고 있다(휘터, 1996).

컨트롤할 수 있는 부담 상황에 맞닥뜨렸을 때 일어나는 중추신경계의 노르아드레날린 뉴런의 활성화가 중추신경의 적응 과정에 매우 중요하다는 것을 말해 주는 또 다른 사례가 있다. 진화가 진행됨에 따라, 반복되는 컨트롤할 수 있는 부담에 대한 노르아드레날린 시스템의 반응 능력을 안정화할 뿐 아니라 강화하기까지 하는 메커니즘이 공고화되었던 것이다. 이는 동물 실험에서도 여실히 드러난다. 여러 가지 컨트롤할 수 있는 부담을 반복해서 동물에게 줄 경우, 새로운 부담에 대한 노르아드레날린 시스템의 반응 역시 그만큼 강화되는 것을 볼 수 있다. 컨트롤할 수 있는 스트레스를 다양하게 주어야만 이끌어 낼 수 있는 이 노르아드레날린 영향력의 강화는 그 결과가 여러 차원에서 동시에 드러난다. 노르아드레날린으로 활성화된 뉴런의 발화율 향상(파브코비치Pavcovich 외, 1990), 노르아드레날린계 신경 끝부분을 통한 노르아드레날린 합성과 저장, 분비량 증가(애니스먼Anisman 외, 1987; 아델Adell 외, 1988; 니센바움Nisenbaum 외, 1991), 뿐만 아니라—이것이 가장 흥미로운 현상인데, 이를 밝혀낸 연구는 지금까지 단 하나밖에 없다—축색돌기의 성숙 강화, 특정 목표 영역, 예를 들어 피질 내의 노르아드레날린 신경 분포 집약화(나카무라中村, 1991) 등의 양상으로 말이다.

지금까지 노르아드레날린 시스템이란 무엇인가, 컨트롤할 수 있는 스트레스를 받으면 이 시스템이 어떻게 반응하는가 등에 대해 설명했다. 새로 맞닥뜨린 상황에 맞추어 중추신경계에 가소성 변화를 일으키는 동인, 이를테면 방아쇠 역할을 이 시스템이 담당하는 셈인데, 도파민과 세로토닌 시스템에 대해서도 상당 부분 같은 이야기를 할 수 있을 것 같다. 짐작하기로는, 컨트롤 할 수 있는 스트레스 상황에서 이 세 모노아민 시스템이 국부 그물망에 모여 작용하는 동안, 피질과 변연계에는 특정한 자극 모형이 점차 확실하게 자리 잡아가는 것 같다. 이와 동시에 전달체가 활성화되면서, 위의 자극 모형은 구조상 이 모형 발생에 관여한 시냅스 접속의 적응성, 가소성 변화라는 형태로 고정된다.

거듭해서 겪게 되는 컨트롤할 수 있는 사회심리적 부담은 이렇게 하여, 반응에 관계되는 신경조직망과 그 접속의 효능을 개선하고 지속적으로 안정시키며 촉진한다. 특정 전문 능력이나 반응 양식의 재생에 동원되는 신경 접속의 기초를 닦고, 나아가 이를 구조적으로 공고화하는 것을 촉진하는 것이다. 중추신경의 이러한 적응 과정은 신체의 말초신경 부분이 물리적 스트레스에 적응하는 과정, 예를 들어 추위에 많이 노출되면 머리카락 표면의 밀도가 높아지는 것과 비교할 수 있다. 매우 복합적이고 다양한, 다면적인 스트레스는 분명 필요하다. 주어진 스트레스에 걸맞게 복합적으로 기능할 수 있도록 뇌의 구조를 바꾸는 쪽으로 개인의 유전적 잠재력이 선용되기 위해서 말이다. 이 추측을 확실히 증명해 주고, 이 가소성 변화가 어느 정도까지 가능한지를 보여 주는 선명한 예가 있다. 이른바 '길들이기' 나 '풍족한 환경' 이 실험 대상인 어린 동물의 뇌피질 개발에 미치는 영향을 알아보는 동물 실험의 연구 결과가 바로 그것이다. 이런 환경에서 자라난 들쥐는 다른 쥐와 비교할 때 피질층이 훨씬 두껍다. 혈관의 움직임도 활성화되고 교세포의 수도 증가하며, 피라미드 세포의 수상돌기가 확대되고 시냅스의 밀도 역시 높아진다(그리노Greenough&베일리Bailey, 1988). 나아가 이는 성인이 된 후 낯선 환경에서도 불안을 덜 느끼게 하고, 갖가지 스트레스 상황에서도 글루코코르티코이드 분비를 훨씬 적게 한다(레빈Levine 외, 1967; 애커내트Akanaet 외, 1986). 노르아드레날린 시스템의 활성화가 거듭되어 신경 접속에 구조적 변화가 일어난다는 사실은 매우 의미심장하다. 시신경 피질의 분화를 잘 유도하기 위해서는 노르아드레날린계의 신경 자극 전달이 원활해야 한다는 관찰 결과 역시, 이 사실을 뒷받침해 준다(고든Gordon 외, 1988; 카사마츠笠松, 1991; 마셜Marshall 외, 1991). 또한 성인의 뇌에서 뇌피질 장해의 결과 일어나는 구조적 재건 과정조차도 이 노르아드레날린 시스템의 통제를 받는다는 것이 확인되었다(피니Feeney&서턴Sutton, 1987; 보이슨Boyeson&크로버트Krobert, 1992; 레빈&던-메이웰Dunn-Meywell, 1993)

그리하여 처음에는 우리에게 굉장히 겁을 주던 일, 이를테면 자동차를 처음 운전하여 시내를 통과하는 일 같은 것이, 두 번째만 되어도 벌써 심장이 훨씬 덜 두근거리고 진땀도 덜 나게 된다. 그리고 횟수가 거듭되면서 언젠가는 전혀 힘들거나 불안하지 않게, 거의 습관적으로 할 수 있게 된다. 만약 노르아드레날린 시스템이 없다면 가슴이 두근거리거나 손에 진땀이 배는 일도 없을 것이다. 하지만 그 대신 우리는 아직까지도 여전히 초보자로서 이리저리 헤매며 차를 운전하고 있으리라.

우리가 새로운 것을 아주 빨리, 그것도 기억으로 저장되도록 배우는 것은, 이 특별한 노르아드레날린 시스템이 뇌 안에서 작동하여 우리를 완전히 흔들어 깨워 주어야 가능하다. 그래야만 비로소 문제를 성공적으로 해결하고 불안을 잘 처리할 수 있도록 짜 맞추어진 접속이 마련될 수 있기 때문이다. 우리를 직접 건드리지 않는 것, 다시 말해 컨트롤할 수 있는 스트레스 반응을 눈곱만치도 일으키지 않는 것을 뇌로 받아들이는 일은 거의 없다. 아주 애를 써야 겨우 뇌로 들어올까 말까 할 정도다. 그것도 지속적으로 반복해서 일어나지 않으면 순식간에 사라져 버리지만.

불안이 도저히 컨트롤할 수 없는 정도가 되면 문제는 다른 국면으로 접어든다. 운전 교사가 우리 옆자리에 앉아 점점 성질을 내면서 급기야는 좀 조심해서 운전할 수 없냐고 소리소리 지른다면 말이다. 이쯤 되면 정보가 도저히 뇌 속으로 들어갈 수 없을 뿐 아니라, 뇌 안에서 쓸 만한 게 밖으로 나오기도 무척 힘들어진다. 이 현상을 자세히 다루기 전에 우선, 컨트롤할 수 있는 부담에 대해 잠시 더 다루어 보자. 이것이 우리의 생각과 느낌, 행동에 끼치는 영향도 함께 생각하면서.

우리 뇌 안에서 도전을 처리하는 데 사용되는 접속이 좀 더 잘 설계되고 기초가 놓이고 효과적으로 건설되도록 기여하는 건, 컨트롤할 수 있는 스트레스 반응에서 그때마다 활성화되곤 하는 대규모 노르아드레날린 제어 시스템이다. 마찬가지로 같은 종류의 부담이 자주 반복되어 일어나면서 역시 같은 반응과 행동 양식으로 해결되다 보면, 처음에는 정말 울퉁불퉁하던 들길이 어느덧 잘 포장된 도로가 되기도 하고, 작고 말끔한 도로에서 우리 뇌의 정보 흐름을 담당하는 신속한 고속도로가 생겨나기도 한다. 닥쳐온 도전을 해결할 때 우리는 가끔, 특정 접속을 사용해서 복잡한 운동의 흐름을 조절한다. 처음에는 아직 아무리 어려웠던 행동이라도 일단 한번 제대로 해내기만 하면 그 다음부터는 훨씬 잘하게 된다. 그리고 언젠가는 아무 힘 안 들이고도 해내게 된다. 그러므로 이것은 전혀 놀랄 일이 아니다. 이런 행동은 점차 궤도가 잡혀 가면서 일상사로 변해 버리고, 마지막에는 전혀 긴장하거나 새롭게 애쓸 필요가 없는 일이 된다. 우리의 노르아드레날린 시스템을 자극하지 않는 것은 말할 필요도 없다.

전혀 익숙하지 않은 요구나 위협적이고 불안을 느끼게 하는 사건은 많은 경우, 시간이 어느 정도 지난 후에 곰곰이 생각해 보고 해결하게 된다. 이때 해답을 찾으면 이 문제 해결책을 가능하게 하는 사고의 도로가 우리 뇌 안에 생긴다. 이런 궤도가 거듭해서 자주 나타날수록 우리에게는, 그때그때 형편에 맞는 사고 표본을 찾아내어 활성화시키고 그에 해당하는 행동 전략을 해결책으로 적용하기가 그만큼 쉬워진다. 그렇게 하여 이번에는 사고의 차원에서 도로가 또 하나 탄생하는 것이다. 아주 편안하게 앞으로 나아갈 수 있게 해 주는 도로다.

아무리 어려운 과제라도 자기 나름의 생각과 행동의 힘으로 다

풀어낼 수 있고 아무리 위협적인 상황이라도 혼자 힘으로 밝혀낼 수 있음을 확신할 때, 모든 일이 매끈하게 진행될 때, 우린 얼마나 기분이 흐뭇한가! 그런데 일은 이제부터 정말로 아주 재미있어진다. 이 좋은 기분도 결국에는 다 뇌 안의 특정 접속이 활성화되어 생기는 것임을 생각하면 말이다. 뇌는 이렇게 우리의 성공적인 행동을 보상해 준다. 이 '보상 시스템'의 접속 역시 다음 조건이 충족된 다음, 즉 우리가 어떤 도전을 잘 해결해 냈을 때, 컨트롤할 수 있는 부담을 성공적으로 처리했을 때 활성화된다. 특정한 운동들의 조합이나 특정한 사고와 행동 양식에 책임이 있는 사람과 같은 역할을 이 보상 접속이 담당하는 것이다. 이것 역시 반복을 통해 궤도가 닦이게 된다.

우리가 인생에서 맞닥뜨리게 되는 문제를 해결할 힘이 있다는 경험을 자주 하면 할수록, 우리의 뇌 속에는 어떤 특정한 느낌이 그만큼 깊이 박히게 된다. 그 일을 남의 도움 없이 혼자 힘으로 해내서 뿌듯하면 뿌듯할수록, 우리는 그만큼 자의식이 강해지고 자신의 능력에 확신을 갖게 된다. 위협과 공격을 이겨 낼 수 있게 다른 누군가가 우리를 도왔다는 사실을 샘솟는 기쁨으로 인식하고 경험하게 되면, 그 기쁨이 없는 인생이란 무의미하다는 느낌이 점점 더 깊이 뿌리박힌다. 그 감정을 사랑이라 부르든 뭐라 하든 상관없이 말이다.

우리의 모든 감각과 지각 능력을 동원하여 우리를 둘러싸고 있는 이 세계, 예를 들어 타인의 표정이라든가 음성, 몸의 자세 같은 것을 적시에 알아본다면, 그가 말에 다 담지 못한 그러한 신호에 적절히 반응할 수 있다면, 인간관계에서 일어나는 문제와 긴장을 잘 해결할 수 있다고 단언해도 좋으리라. 이런 경험을 많이 하면 할수록, 이보다 더 복합적이고 모호한 감관의 지각을 담당하는 접속을 더 잘 사용할 수 있게 된다.

부담이 성공적으로 처리될 때마다, 도전을 잘 극복해 낼 때마다, 그때그때의 느낌을 컨트롤할 수 있는 스트레스 반응이 일어날 때마다 활성화되는 노르아드레날린 시스템의 영향을 받아, 이 느낌의 저변에 있는 특수 형태의 신경 접속으로 우리 뇌 안에 자리 잡게 된다. 이 궤도 형성 과정은 일어나는 시기가 이르면 이를수록, 부담과 도전이 일어날 때 이에 걸맞은 접속이 자주 활성화되면 될수록 그만큼 더 집중적으로 형성된다.

위협을 제거해 버리거나 도전을 이겨 내는 데 성공할 때 개개인이 그것을 어떻게 감지하는지에 따라, 감정들은 각각 다른 궤도의 접속을 형성하게 된다. 자기에게 전혀 중요하지도 않고 아무런 안전감도 주지 못하는 사람이 자기 태도를 어떻게 평가하는가 하는 것은 그에게 전혀 중요하지 않다. 불안을 해결하려는 자기 노력의 성공 여부를 결정하는 유일한 척도는 그 사람의 개인적 자기 평가와 그에게 가까이 있으면서 안전감을 줄 수 있는 보호자의 평가뿐이다. 만약 자기에게 안전감을 주는 것처럼 보이는 사람이 폭력적으로 일을 처리하는 걸 자주 본다면, 그 사람은 불안을 처리하는 데 공격적이고 폭력적으로 행동하는 게 최고라는 느낌을 마음속에 확고히 갖게 될 것이다.

마찬가지로 아동기 초기에 비굴한 저자세가 자꾸 실행되는 걸 보아 온 사람이라면 성인이 되어서 무의식적으로 자기희생을 하고 싶은 욕구를 느끼기 쉽다. 자꾸 타인에게 기대다 보면 강박적인 의존성이 생기고, 자기 중독적인 태도에서는 극단의 이기주의가 자라난다. 스트레스를 너무 억제하다 보면 감각의 섬세함이 죽어 가면서 감정의 빈곤이 자리 잡게 된다. 이런 식으로 생겨나는 정신 신경적 이상행동을 열거하자면 그 목록은 길고도 길다. 특정 문화 범주에 속하는 민족이 어느 특정한 발전 단계에서 형성해 낸 행동 양식과 감정 세계, 그 사회에서 허용되는 것과 사회적 규준으로 처벌되는 행동과 감정 등이 전부 이 목록에 포함되기 때문이다.

이런 고정관념들이 위험 요소로 등장할 때가 있다. 개인이나 사회가 전혀 새로운 형태의 위험에 직면해 불안을 느낄 때다. 그 불안을 극복하려면 새로운 해결책을 모색해야 하는데, 고정관념이 이를 더 방해할 수 있다.

07

07

새 길

끙끙대며 나무에 기어올라 본 적도

없으면서

스스로 새입네 하는 사람이 있다면,

그건 착각이지.

— 빌헬름 부쉬

우리 모두가 그러길 원하지만, 인생의 길은 일직선으로 쭉 뻗어 나가는 일이 좀처럼 없다. 이 세상에서 우리에게만 해당되는 일도 아니다. 이 세상을 혼자 사는 게 아니기 때문이다. 노르아드레날린 시스템은 아주 특정한 행동 작전의 궤도를 형성하여 우리가 삶에서 마주쳤던 맨홀과 험한 길을 피해 좀 더 좋은 길로 편안하게 나가게 한다. 그러나 그렇게 되자마자 우리 앞엔 어느새 다른 일, 다른 사람이 불쑥 나타나 길을 막는다. 지금까지는 전혀 본 적이 없는 새로운 모습이다. 전에 한 번 이용했던 그 길이야말로 문제를 해결할 수 있는 최상의 길이라는 확신이 우리 머리 안에 단단히 자리 잡고 있는 경우, 이런 뜻밖의 사건은 혹독하게 우리에게 타격을 입힌다.

직업적 성공, 경력, 완벽한 살림 솜씨, 남을 특별하게 자극하는 기술……. 이런 걸 제대로 습득하기 위해 우리는 남녀 불문하고 거의 반생을 소비한다. 처음에는 너무 불확실하여 불안과 스트레스를 일으키던 것을 살아가면서 때로는 피하고 때로는 부딪쳐 해결하기 위해 해보지 않은 게 없다. 무슨 말인지, 이 글을 읽는 당신이 아마 나보다 훨씬 잘 알 것이다. 하지만 당신이 그런 경험이 있건 없건, 우리가 원하건 원치 않건, 한 가지 사실만은 변함이 없다. 큰 성공이란 개인의 인생에서 일어날 수 있는 일 중 가장 나쁜 일이라는 걸 말이다.

늘 똑같은 작전으로도 항상 성공적으로 전진하는 사람이 있다면, 그런 사람은 결국에는 경마장의 달리는 말과 흡사하게 되고 말 것이다. 달릴 때마다 눈가리개를 점점 더 꼭 동여매는 말처럼 곁에서 무슨 일이 일어나는지를 갈수록 모르게 된다. 달리는 구간이 점차 변해 가는 것도, 길 한가운데에 누가 몽둥이를 슬쩍 갖다 놓은 것도 알아챌 수가 없다. 그러다 보면 언젠가는 갑자기 풀썩, 엎어져 버리게 된다. 아니면 어느 순간 문득, 길을 잘못 들은 것을 깨닫는다. 일에 시간과 관심을 다 쏟아 붓다 보니, 어느새 아내와 자녀들이 한참 낯설어진 것을 전혀 알아채지 못했고, 결국에는 그들이 자신을 영영 떠나 버린다. 혹은 몸의 이상 신호를 너무 무시하고 살아오다 보니, 어느 날 병원에 누워 있는 자기 자신을 발견한다. 심장이 지금까지 해 오던 일을 당장에라도 그만둘 위험에 놓여 있기 때문이다. 어떤 경우, 아주 극단적인 상황에 이르러서야 비로소 눈가리개가 눈에서 떨어지기도 한다. 무능한 경영자가 회사를 부도내 자기는 일을 잘했음에도 회사에서 해고될 때, 천신만고 끝에 장만하여 이제 반 정도 값을 치른 집을 헐값에 팔아치워야 할 때, 대출금을 갚지 못해 가족과 함께 한길로 쫓겨날 때 말이다.

그럴싸한 대책은 항상 드물게 마련. 게다가 금방 떠오르지도 않는다. 그러자 예의 그 묘한 느낌, 이미 오래전에 잊어버린 걸로 간주했고 영원히 극복한 줄로 알았던 저 머릿속의 느낌이 다시 솟아나기 시작한다. 그래도 포기하지 않고 한두 번, 또는 세 번, 가망 없는 시도를 거듭해 본다. 막무가내 돌진이다. 뿐인가, 이전의 방법으로 이 새 문제를 어떻게든 풀려고 안간힘을 쓴다. 그렇게 있는 방법 없는 방법 다 써 본 후에야 수레를 완전히 멈춰 세운다. 아무래도 지워지지 않고 앙금처럼 남아 있는 불안과 그 불안으로 뇌에서 벌어지기 시작하는 스트레스 반응을 막을 수가 없다. 컨트롤할 수 없는 스트레스다. 이런 컨트롤할 수 없는 부담에 맞닥뜨리면 분비되곤 하는 스트레스 호르몬의 물결이 온몸에 퍼져 가면서, 속수무책이라는 느낌과 절망감이 점점 커진다.

며칠씩, 때로는 몇 주 동안이나.

스트레스 호르몬이 이렇게 온몸으로 끊임없이 쏟아지는 현상은 반드시 부작용이 있게 마련이다. 오래 지속될수록 그것이 신체 각 기관과 그 기능에 끼치는 영향은 심각하다. 성호르몬 제조가 억제되는 것은 그중 가장 무해한 결과에 속한다. 성에 대한 열광은 지금 이렇게 번져 가는 불안과 절망 때문에 그러지 않아도 거의 제로 상태로 떨어졌기 때문이다.

정말 심각한 후유증은 스트레스 호르몬 수치가 계속 높은 채로 남아 있게 되면서 신체 고유의 면역 장치가 억압받는 데 있다. 이런 상태에서는 너나 할 것 없이 병원균이란 병원균은 거침없이 몸 안에서 활보하게 된다. 몸이 이 질병에서 어느 정도라도 회복되려면 상당히 많은 시간이 흘러야 한다. 수면도 당연히 지장을 받는다. 이런저런 불편한 꿈으로 잠자리가 편치 못한 것은 물론이고, 다음날에는 온몸에 힘이 쫙 빠지고 시들시들해진다. 그러다 보면 점차 모든 것이 본궤도에서 이탈한다. 우리의 몸을 이리저리 얽어매어 지탱하고 있는 이 고리에서 제일 약한 지체부터 떨어져 나가는 건 시간문제이다.

이렇게 더는 갈 수 없다는 걸 우리는 예감한다. 해결책을 찾아야 한다. 우리의 삶이 변해야 한다. 그런데 어떻게 변해야 하나? 끊임없이 우리는 쓸모 있는 접속을 찾아 이리저리 헤맨다. 하지만 그때마다 우리의 생각이 늘 예의 그 익숙하고 편안한, 하지만 지금은 쓸모없게 된 생각과 느낌의 길로 자동적으로 미끄러져 가곤 한다. 그만큼 모든 게 확실히 자리 잡고 있다. 잘 알지도 못하면서 그저 성공에만 눈이 어두워 우리는 자신의 뇌 안에다 그렇게 깊은 자국을 파 놓은 것이다. 혼자 힘으로 빠져나오기란 여간 어려운 일이 아니다.

그런데 이 컨트롤할 수 없는 스트레스 상태가 지속되는 동안, 우리가 손가락 하나 까딱하지 않아도 우리 뇌 속에서는 무슨 일인가가 일어난다. 우리의 뇌와 뇌의 신경세포, 그 세포의 접속을 끊임없이 넘쳐흐르는 이 스트레스 호르몬 파동이, 거기 생겨났던 도로를 점점 불려 부드럽게 만들기 시작한다. 우리가 전혀 알아채지 못할 만큼 아주 천천히. 해일이 일면 파도에 도로와 제방이 쓸리고 구멍이 나고 못 쓰게 되듯이, 스트레스 호르몬이 지속적으로 범람하다 보면 우리의 뇌 안에서도 비슷한 현상이 생긴다. 이미 형성되어 있던 구조, 이미 발전되었던 특수화, 이미 생겨나서 궤도로 굳어져 있던 기존의 접속들이 점차 해체되기 시작한다.

혈액 안에서 순환하고 있는 글루코코르티코이드가 순탄하게 뇌에 다다르면, 신경세포와 교세포의 세포질, 그중에서도 특히 변연계와 피질 부위에 풍부하게 들어 있는 글루코코르티코이드 수용기들과 결합하게 된다. 이렇게 해서 생겨난 호르몬 수용기 복합체는 세포핵 속에서 이리저리 움직이며 (리간드-조종 전사 인자로서) 이 지역의 유전자 발현에 장기적 변화를 일으킨다. 그 결과, 해당 세포의 역량과 기능도 지금까지와 다르게 변화한다. 글루코코르티코이드는 그 작용이 지속되는 시간과 방출되는 양, 대상이 되는 세포의 그때그때 상태에 따라 세포를 파괴하는 쪽으로도, 재생시키는 쪽으로도 영향력을 행사할 수 있다. 그뿐이 아니다. 일종의 허가 작용, 즉 문제의 세포가 다른 신호에 반응하는 정도를 강화, 또는 약화시키는 역할까지도 담당하는 게 바로 이 글루코코르티코이드다. 그렇게 하여 이 소량의 농축액은 신경세포 돌기의 성숙을 촉진하는 반면(매큐언&브린턴Brinton, 1987), 그 양이 많을 땐 오히려 이를 방해한다(매큐언 외, 1993). 해마의 피라미드 세포처럼 글루코코르티코이드 수용기를 특히 많이 보유하는 신경세포는 코르티코스테로이드의 작용에 특별히 민감해질 수밖에 없다. 동물 실험에서 부신을 제거하면, 코르티솔 수치가 떨어지면서 신경세포가 변성되어 버린다(매큐언 외, 1992). 변성되는 것은 비단 신경세포만이 아니다. 세포의 수상돌기도 마찬가지다. 그리고 컨트롤할 수 없는 스트레스가 장기적으로 지속되어 글루코코르티코이드 수치가 지나치게 높아지면, 때에 따라서는 뉴런까지도 함께 죽어 버리는 수가 있다

(사포르스키Sapolsky 외, 1985; 우노Uno 외, 1998; 푹스Fuchs 외, 1995). 특히 스트레스가 계속되는 동안 추가로 유입되는 글루탐산염의 영향을 받아 극도의 흥분 상태에 놓였던 뉴런과 그 돌기가, 이 변성 작용으로 가장 큰 해를 입는다(사포르스키, 1990). 글루코코르티코이드 수용기의 장기적 활성화는 교세포가 향신경성 인자를 합성, 분비하는 것을 억제하는 결과도 초래한다(스미스Smith 외, 1995). 또 재미있는 것은 모노아민 시스템, 그중에서도 노르아드레날린 시스템에 끼치는 글루코코르티코이드의 영향이다. 글루코코르티코이드 수치가 장기적으로 고조됨에 따라 뉴런과 교세포 내의 c-AMP(고리모양아데노신1인산) 형성(세포들 사이의 신호자극전달)이 지장을 받으면서(로버츠Roberts 외, 1984; 드크류트Dekloet 외, 1986), 노르아드레날린 분비가 감소되고 그 비축량 역시 줄어드니 말이다(래처 외, 1992; 부다Buda 외, 1994). 스트레스 반응이 지나치면 심한 경우에는 노르아드레날린계 축색돌기가 변성되고, 그 결과 뇌피질의 노르아드레날린계 신경 분포 밀도까지도 감소될 수 있다(나카무라 외, 1991).

컨트롤할 수 있는 스트레스로 글루코코르티코이드의 분비가 자극을 받으면, 이 영향을 받는 것은 비단 노르아드레날린 시스템뿐이 아니다. CNS의 신호 전달과 관계된 세로토닌, 도파민, 펩티드결합까지도 이 글루코코르티코이드 때문에 장기적으로 적응 과정을 거치게 된다. 컨트롤할 수 없는 부담이 진행되는 동안, 일종의 영양 공급원으로서 CNS 내의 구조적 재구성 과정 조절에 간여하는 성스테로이드 분비와 생산량도 엄청나게 감소한다(리비에르Rivier 외, 1986; 래빈Rabin 외, 1988).

동물 실험을 해 보면 아주 흥미롭고 상당히 항구적인 결과가 한 가지 나타난다. 컨트롤할 수 없는 스트레스에 대한 생리학적 반응으로 글루코코르티코이드의 수치가 아주 높아지면, 그간 습득되었던 행동 반응의 소멸이 가능해진다. 그중에서도 특히 스트레스-반응-진행 과정을 성공적으로 종료하기에 적합하지 않은 행동 양식이 이때 소거되곤 한다(보후스Bohus&드비드DeWied, 1980; 반비메르스마-그레이다누스VanWiemersma-Greidanus, 1989). 이는 다른 말로 하면, 제대로 처리하지 못하는 부담이 개인에게 일으키는 장기적, 지속적 신경내분비 변화는 분명 개인의 생각과 느낌, 행동을 근본적으로 변화시킨다는 뜻이다. 그리고 이 변화는 변연계와 피질 영역에서 신경 접속 모형의 가소성 변화를 거쳐, 특히 그때까지 공고화되어 온 신경의 상호 연결을 불안정화하고 해체한다.

생각과 느낌, 행동에서 나타나는 근본적 변화, 즉 판단과 문제 해결을 위한 새로운 전략을 획득하기 위해 선행되어야 할 과정이 있다. 이제는 쓸모가 없어진 신경 접속 모형들이, 확고한 안정성을 상실하면서 해체되어야 한다. 사회심리적으로 새롭게 방향을 잡도록 개인을 내모는 사춘기나 그 밖의 사회심리적 한계상황 같은 변동기는 이런 점에서 특히 주목할 만하다. 장기적으로 지속되는 컨트롤할 수 없는 심리적 부담과 이 시기들이 시간적으로 겹치는 경우가 드물지 않다.

간단하게 이야기해 보자면 이런 말이 된다. 컨트롤할 수 없는 스트레스는 개인에게 새로운 유형의 요구에 부응하지 못하는 낙후되고 무용한 문제 처리 방식과 평가 방식을—이 방식을 형성하는 토대가 되었던 신경 접속을 전반적으로 파괴하는 쪽으로 변화를 일으켜—불안정하게 하고 소멸시킬 수 있다. 이 과정이 오래 지속될수록 개인은 내적으로 점점 더 불안정해지고, 균형을 찾기가 그만큼 더 어려워질 위험이 있다. 이러한 불안정성은 여러 가지 육체적, 정신적 질병이 생겨날 토양을 형성하기 때문에, 스트레스학에서는 지금까지 오로지 '컨트롤할 수 없는 부담이 유발하는 질병' 이라는 시각에서만 연구가 진행되어 왔다. 그리고 '긴장을 증가시키는 활성화' 라는 것은 그저 파괴적인 것, 따라서 되도록이면 피해야 할 것(불쾌 스트레스)으로 여겨져 왔다.

거듭 강조하지만, 우리의 뇌와 신체는 대단히 영악하다. 우리가 그러려니 하고 생각하는 것보다 훨씬 더. 이 방향으로 더는 나갈 수 없다 싶으면 미련 없이 전체를 다 해체해 버린다. 다른 방향을 잡지 못하게, 새로운 사고와 감정을 시험해 보지 못하게 우리를 악착같이 방해하는 것은 모두 깨끗이 쓸어가 버린다. "꽉 막힌 벽에 실컷 머리를 부딪치고 나면, 속에 든 것이 좀 몰랑해지고말고"라고 하는, 노인들의 말은 바로 같은 말을 하고 있는 것이다.

헌데 바로 이 기제, 그때그때 요구되는 대로 뇌 안에서 새로운 접속을 형성하여 우리를 환경에 적응하게 하는 이 내장된 기제가 과잉 반응을 하기도 한다. 컨트롤할 수 있는 스트레스라도 수없이 반복되면 너무 깊이 홈이 패어 사고와 감정, 행동을 신경증적으로 고착화시킨다. 마찬가지로, 컨트롤할 수 없는 스트레스가 너무 오래 지속되어서 신경 접속이 해체되는 때에도 이 해체가 실제 필요한 것보다 훨씬 광범위하고 깊게 일어날 수 있다.

절망과 대책 없음이 만들어 내는 컨트롤할 수 없는 스트레스 반응은 우리가 불안을 지금까지보다 훨씬 잘 해결할 수 있는 새 길을 발견하게끔 하는 전제 조건이다. 그러나 이 상태가 너무 오래 지속될 경우, 스트레스 호르몬의 물결이 거듭 범람하면서 우리의 정신적, 정서적, 신체적 통합을 위협한다. 우리 인간의 유전 프로그램 안에는 바로 이 경우에 대비한 자그마한 퓨즈도 이미 내장되어 있다. 코르티솔 수치 상승이 브레이크 같은 작용을 하여, 스트레스로 과도하게 활성화된 뇌세포와 신체세포를 보호하는 것이다. 자동차에 가스를 잔뜩 넣고 동시에 수제동장치를 작동시키면 그 차는 오래 달릴 수 없다. 운전자는 모름지기 이럴 때, 엔진 과열과 제동장치 마모를 알리는 표시인 자기 몸의 소음을 제대로 들을 줄 알아야 한다. 차를 멈추고 어디 가까운 언덕에라도 자리 잡고 앉아, 이 교란 현상의 원인이 무엇인지 곰곰이 생각해 봐야 한다.

넓은 국도와 고속도로가 뇌에서 완전히 치워지고 평지로 돌아간 다음에야 인간은 비로소 생각의 자유를 되찾게 된다. 지금까지 사용하지 않아 거의 잊혀진 작은 길 중에 어느 한 길을 찾아내어 생각으로 좇아가 볼 수 있는 자유 말이다. 그럴 때에야 이윽고 그는 정말로 아주 다른 길, 새 길을 찾아 나설 수 있다. 이제 그에게는, 옛날의 접속을 다시 발견할 기회가 주어진다. 그 길로 가다 보면 도저히 해결할 수 없다고 지금까지 믿어 왔던 문제가 아예 공중분해가 될지도 모른다. 문제라고 생각했던 것이 사실은 전혀 문제가 아니었음을 깨달을 수도 있다. 아니면 그 자신이 원래 믿어 왔던 것과 아주 다른 방식이긴 하지만 어쨌든 그 문제를 완전히 제거해 버릴지도 모른다. 불안은 사라지고, 컨트롤할 수 없다고 믿었던 스트레스 반응은 컨트롤할 수 있는 것으로 바뀌었다. 이제 그는 숨을 깊이 내쉴 수 있다. 이제 앞으로 일이 어떻게 진행될지, (확실하게 해 두는 의미에서) 다음 장에서 다시 한 번 자세히 좇아가 보도록 하자.

08

지성적인 길

아름다운 전설이
제비꽃 향기처럼 지상에 떠돈다,
연인을 그리워하는 사랑의 탄식인 양
밤낮을 가리지 않고.

그것은 민족의 평화를
인류의 궁극적 행복을 그리는 노래,
언젠가 한번 여기 존재했던 황금시대의 노래.
그 꿈 진실이 되어 다시 오리니…….

그 희망 놓아 버린 자

특히 나쁜 마음먹고 일부러 놓아 버린 자라면
차라리 태어나지 않았으면 좋았으리, 왜냐하면
그는 살아서도 이미 무덤 속에 있는 셈이니까.

— 고트프리트 켈러G. Keller

작은 글자로 된 부분만 읽어 온 독자라면 지금쯤은 아마, 큰 글자 부분을 읽는 데 어려움이 있을 것이다. 충분히 짐작되는 일이다. 따라서 여기서는, 지금까지 우리가 함께 논의해 온 내용을 작은 글자로 다시 한 번 요약해 보기로 한다.

살아 있는 시스템은 전부 외부를 향해 열려 있다. 따라서 외부 세계의 변화로 시스템의 내적 질서가 교란될 약점을 안고 있다. 물론 일반적으로 이런 변화들은 그때까지 개발되어 온 기존의 내적 구조와 조직을 혼돈 상태로 몰아갈 만큼 흔들어 놓지는 않는다. 모름지기 살아 있는 시스템이라면 너나 할 것 없이, 외부 세계의 변화를 약화 수용하거나 아예 피해 가는 쪽으로 일을 도모할 수 있게 몇 가지 메커니즘을 보유하고 있기 때문이다. 이런 메커니즘은 사용하면 할수록 그 규모가 확대되고 질적으로도 향상된다. 이런 종류의 적응 수정 기제는 신체적 특징(외부 기온의 변화에 따른 쥐꼬리 길이의 변화, 환경 조건의 악화로 생기는 피부 각질화의 강화 등)뿐 아니라 심리적 반응(억압, 선택적 주의 집중 등)에서도 쉽게 알아볼 수 있다. 그런데 이렇게 적응 수정 기제가 확립되는 것은 외부 세계의 교란—그 때문에 개체 시스템 내부에 생겨난 무질서의 정도까지 포함해서—이 경미한 상태로 지속될 때, 그리고 이 교란을 해소하기에 적합한 반응이 이미 유기체 안에 장치되어 있다가 즉시 가동될 수 있을 때, 다시 말해 이 모든 것이 컨트롤할 수 있는 부담일 경우에 해당하는 얘기다. 컨트롤할 수 있는 부담이 반복되다 보면 아무래도, 이 교란(스트레스의 원인) 해소에 사용되는 메커니즘의 기초가 놓이고 완성되면서, 그 능률도 점진적으로 개선되게 마련이다. 이때 만약 같은 종류의 컨트롤할 수 있는 부담이 반복된다면 그에 상응하는 아주 특수한 메커니즘이 개발, 확립될 것이다. 그리고 그렇게 시간이 지나다 보면 언제부턴가 이 특정한 종류의 교란은 발생하는 즉시, 그동안 자동적이다시피 반응하게 된 이 메커니즘에 잡혀 결국 그 효력을 잃고 마는 데까지 이르게 된다.

살아 있는 시스템의 내적 질서를 위협하는 외부 세계의 교란 요인 중 아주 특정한 것을 억압하기에 적합한 메커니즘이 일단 완성된다는 것은, 그때까지 드물게 발생했던 다른 종류의 자극에 대해서는 이 시스템의 저항력이 약해지는 결과를 낳는다. 어느 정도인가 하면, 컨트롤할 수 있는 다양한 스트레스를 다수 경험하면서 발전해 온 여느 시스템보다 훨씬 약하다고 할 수 있다. 특정 스트레스를 제거하기 위한 목적으로 특별히 설치된 메커니즘이 개별 생명체 안에서 늘어날수록, 지금까지 별로 경험해 본 일이 없던 외부 세계의 변화에 그때그때 적합하게 반응하는 능력이 제한을 받게 된다. 그래서 정말 이런 드문 일이 일어나게 되는 경우에는 이 개체의 내적 질서가 심각하게 위협을 받는다. 그 결과 이제는 아예 일반 '비상' 반응을 발동시켜야 기존의 질서유지가 한동안 겨우 가능할 지경에 이르는 것이다. 이 국면에서 적당한 대항 전략을 구축해 내지 못하면, 이 교란은 컨트롤할 수 없는 스트레스로 남게 된다. 그 결과, 이 시스템의 안정이 갈수록 뒤흔들리면서 그때까지 그 안에 개발되어 왔던 특수 메커니즘들이 점차로 해체되기에 이른다. 그리고 이 해체 과정이야말로, 내적 질서를 새로이 조직하는 데 필수 불가결한 전제조건이다.

이 적응 재조직의 결과로, 외부 세계에서 들어오는 불안정화 요소를 감소시키는 새로운 종류의 전략과 반응이 형성될 수도 있다. 이 메커니즘을 몇 번이고 가동시켜서 그때마다 사용에 성공을 거두고 난 경우, 새로 개발된 이 반응 양식 쪽으로 길이 닦이고 확정되는 것이다. 원래 시스템에 잠재해 있던 적응 능력도 이 과정에서 함께 개선되어 간다. 지금까지 컨트롤할 수 있는 부담과 컨트롤할 수 없는 부담에 CNS가 반응하는 모습, 그리고 이 반응이 (행동 양식을 조정하는) 신경망의 조직과 구조에 끼치는 다양한 영향 등을 살펴보았다. 그런 부담으로 발생하는 변화, 다시 말해 내적 구조상의 재조직, 그리고 살아 있는 시스템의 전면적 조직 과정을 이보다 더 선명하게 보여 주는 예는 아마 드물 것이다. 그런데 이런 현상은 사실 매우 일반적인 발전 원리다. 거듭 반복해서 일어나는 (그리고 대개는 살아 있는 시스템 자체가 이루어 낸) 외부 조건이 변함에 따라, 살아 있는 시스템의 내적 구조와 조직이 어떤 방식으로 변해 가는지 설명하고 있다. 이 원리는 살아 있는 모든 시스템에 그대로 적용된다. 세포든, 기관이든, 인구든, 사회든, 그 무엇이라도 마찬가지다. 어느 시스템을 막론하고, 내부 질서가 교란될 경우 나름대로 특징적인 신호 모형을 생산하게 마련이다. 이 모형은 원인이 된 교란의 종류와 범위에 관한 물리적, 화학적, 언어적 암호를 어느 정도 보여 준다. 처음에는 시스템의 어느 특정한 부분 영역에서 생성되었던 이 평이한 신호가 시스템 내부에서 확산되면서, 다른 하부 시스템의 내적 질서에 그 시스템 특유의 변화를 야기한다. 신호 속에 저장되어 있던 이 변화의 종류와 범위가 이제 훨씬 분명하게 정의되면서, 특수한 반응을 일으키게 된다. 다름 아니라 전체 시스템의 개별 영역에서 그때까지 확정되어 있던 내적 구조와 조직이 컨트롤할 수 없는 교란에 직면하면 완전히 해체되는 쪽으로, 컨트롤할 수 있는 교란일 경우에는 더욱 확정되는 쪽으로 변해 간다.

두 가지 스트레스 반응, 다시 말해 컨트롤할 수 있는 도전과 컨트롤할 수 없는 부담은 모두 각각 독특한 방식으로 뇌의 구조 형성에 일익을 담당한다. 즉, 뇌가 그때그때 처한 외부적, 사회 심리적 조건이라는 틀 내에서 신경 접속을 자치적으로 조직해 낼 수 있도록 한다. 도전이 특수화를 자극하면서 기존 신경 접속의 효능을 개선하는 것이다. 그럼으로써 도전은 또 특정한 성격상의 특징을 계속 발전시키거나 확실하게 윤곽 짓는 일에 근본적으로 관계하기도 한다. 컨트롤할 수 없는 부담은 이미 한번 개발되었으나 종내는 쓸모가 없어진 신경 접속을 헐렁하게 만들어, 그때까지 통용되었던 행동 양식의 모형에 방향 전환을 도모하여 재조직이 가능하게 한다.

'자체 조직 시스템'이란 과연 무엇일까? 모르긴 몰라도 우리야말로 바로 그 예가 아닐까라는 생각이 든다. 그때그때 생겨나는 외부 조건에 따라 내부 조직을 매번 새로이 적응시키는 그런 시스템 말이다. 외부 조건이 장기간 동일하다면 이 환경의 요구에 부응하기 위해 선택했던 해결책과 그때 만들어진 접속 역시 당시와 같은 상태로 남아 있다. 이 요구의 양이 증가해도 처음 한동안은 아무 일도 일어나지 않는다. 작업 속도가 너무 느리고 그에 비해 자체 용량은 너무 작다는 사실을 전혀 모르는 컴퓨터처럼, 우리의 뇌는 지금까지 해 온 일만 계속할 뿐이다. 그러나 자신의 능력을 넘어서는 요구를 받고 있다는 걸 알아차리자마자, 뇌는 즉시 활동을 시작한다. 직면한 문제의 해결에 사용될 접속을 찾아서 확장하고 길을 내고, 좀 더 효과적으로 사용하도록 수정 기제를 작동시킨다. 그러다가 이 요구의 종류가 근본적으로 변해 버리면, 처음에는 한동안 아무 일도 일어나지 않는다. 뇌는 지금까지와 마찬가지로 일한다. 지능이 높고 학습 능력이 있기는 하지만 자신이 지금 틀린 프로그램에 따라 일하고 있다는 걸 전혀 알아채지 못하는 컴퓨터처럼 말이다. 그러나 그사이 무언가 아주 근본적인 것이 변했다는 걸 깨닫기만 하면, 다시 말해 지금까지 썼던 전략으로는 도저히 한 걸음도 더 나아갈 수 없다는 것을 알게 되는 순간, 우리의 뇌는 즉시 기존의 너무 깊이 박힌 접속을 해체하는 기제를 작동시키기 시작한다. 그리하여 우리는 어쩔 수 없이, 아주 다른 곳에서 모든 것을 다시 한 번 새로 시작해야 하는 처지가 된다. 가능하다면 아예 새로 배우기도 해야 한다. 바로 이 지점에서, 아무리 속도가 빠르고 고도의 능력이 있다 해도—장담하건대—컴퓨터란 컴퓨터는 전부 망가지고 만다. 예외가 있다면 단 한 경우, 즉 자기 프로그램에 문제가 있음을 컴퓨터가 스스로 알아채고 이른바 불안을 느낀다면, 그래서 스트레스 반응이 내부에 일어난다면 문제는 다르다. 이렇게 스트레스를 느끼는 과정에서 모든 프로그램이 삭제될 필요는 없다. 지금까지 사용해 오던 프로그램 중에서 새로운 과제를 해결하는 데 필요가 없어진 부분만을 골라, 무조건 삭제하기보다는 점차 약화시키는 방법을 택해야 한다.

우리 인간이 제조할 수 있는 지능 높은 기계들이 공통적으로 갖는 맹점이 무엇인지 이제 짐작할 수 있는가? 그것은 바로 우리가 따로 이야기를 해 주거나 프로그램으로 넣어 주지 않는 한 그들은 이 세상에서 무슨 일이 일어나고 있는지 전혀 모른다는 데 있다. 그뿐이 아니다. 우리가 어제 그들에게 얘기해 주었던 사실이 내일이면 완전히 틀린 정보가 될 수도 있다. 우리는 끊임없이 변화하는 세상에 살고 있기 때문이다. 이 세계가 어떻게 변할지 예상할 수 있으려면, 이들 변화의 저변에 자리하고 있는 법칙성을 염두에 두고서 세계를 의식적으로 만들어 가야 한다. 그렇게 되면 그때에는 인간의 뇌뿐 아니라 우리를 둘러싼 이 세상 전체가, 자기 자신을 상황에 맞추어 적절하게 변화시켜 가는 시스템이 될 것이다.

> 테야르 드 샤르댕Teilhard de Chardin(1959)이나 에리히 프롬E. Fromm(1979)처럼 이런 세계의 비전을 보유했던 사람들은 이 일의 중요성을 거듭 강조했다. 우리는 지금보다 훨씬 더 정확하게 보고 더 주의 깊게 깨닫기를 배워야 한다. 도대체 우리 주변에서 무슨 일이 일어나고 우리가 행동을 통해 어떻게 이 세계를 변화시킬 수 있는지를 말이다. 눈을 감고 살아서는 안 된다. 우리와 남들이 지금까지 그렇게 살아왔다는 이유만으로 우리의 생각과 느낌과 행위의 길 하나하나를 고속도로로 뭉뚱그려 놓는 짓을 삼가야 한다. 일단 고속도로가 되고 나면, 설사 그 길이 잘못된 방향으로 나 있다는 걸 간파하게 되어도 우리는 그 길에서 빠져나올 수가 없을 테니까.

되도록 많은 사람의 뇌 안에 고속도로 대신 곁길이 다양하게 난 작은 길이 많이 생겨나려면, 서로 남의 꿈에 귀 기울이면서 손잡고 함께 길을 찾을 만큼 자유로워지려면, 우리 모두 정신이 맑게 깨어 있어야 한다. 컴퓨터에게 하듯 남이 자기에게 프로그램을 넣어 작동시키도록 허락해서는 안 된다. 주변에서 어떤 일이 벌어지는지를 항상 알고 있어야 한다. 자신이 살고 있고 또 자신의 생존을 의존하고 있는 주변 환경의 조건이 변화하기 시작할 때 이를 되도록 일찍 알아차릴 수 있도록 극도로 민감한 안테나를 가지고 있어야 한다. 그리고 그러한 변화가 감지되자마자 뇌에서 경고종이 울려야 한다.

자 이제, 우리의 뇌에 어떻게 그리고 무엇을 통해, 우리가 의식하지 못하는 사이에 외부에서 자꾸 프로그램이 입력되는지 살펴보아야 할 때가 된 것 같다.

09

09

자취 찾기

삶을 이해하지 못해도 괜찮아,

그래야 삶이 축제가 되지.

네게 하루하루가 사건처럼 벌어지게 하렴.

꽃송이 날려 오는 바람을 마주하며

쉼 없이 그냥 걸어가는 아이처럼.

그 꽃송이를 아껴서 모아 두는 것일랑

아이 마음에는 없는 생각.

머리칼 새 들어앉은 꽃잎을

살며시 빼내어 버리곤

다가올 새날을 향해

다시 두 손을 내미네.

— 라이너 마리아 릴케

이제 우리는 다시 맨 처음에 제기했던 문제로 되돌아왔다. '왜 우리는 이렇게 생겼는가, 우리의 생각과 느낌과 행동을 실제로 결정하는 건 무엇인가' 하는 문제 말이다. 이 문제를 집중적으로 탐구하여 성인의 유년기 기억에서부터 괄목할 만하고 기묘한 해답을 이끌어 내 세상에 공표한 사람 중 한 명이 지그문트 프로이트다. 그 이전에 카를 마르크스K. Marx나 찰스 다윈이 했던 것과 마찬가지로, 프로이트 역시 이 문제를 파악하고 (아마 이것이 가장 중요한 점이 되겠는데) 동시대인에게 납득시키려 했다. 프로이트는 존재하는 것은 오로지 그것이 왜 그렇게 되었는가를, 즉 그 형성 과정을 추적해 가야만 이해할 수 있다고 주장했다. 어떤 개인이나 인류, 또는 어느 특정한 생물이 시간이 흘러가면서 밟아가게 되는 길은, 참으로 수없이 많은 여러 사건의 영향을 받으면서 마지막 방향이 결정된다. 그러므로 이러한 과정을 거꾸로 추적해 들어가는 것은 지난한 모험이다. 거기다가 연구자마다 각각 다른 자리에서 저마다 다른 영향을 찾아 나서기 시작하면, 이 모든 노력이 마지막에 어떤 혼돈으로 귀결될 것인가는 이미 예정되어 있는 것이나 마찬가지다.

정신분석학자들이 그들의 연구를 통해 도착한 마지막 지점이 초기 아동기와 억압된 성의 소망이라고 한다면, 발달심리학자들은 어린아이의 추상화 능력의 단계, 즉 아동의 학습 과정과 대상에 주목했다. 후성설後成說을 주장하는 학자들은 출생 전에 모태에서 받는 영향에 주목하였고, 유전학자들은 조상에게서 이어져 내려온 초기 뇌 발달을 좌우하는 유전자 프로그램에 중점을 두었다. 그런가 하면 사회생물학자들은 오늘날 인간의 행동 양식은 그 옛날 고리짝 우리 조상의 유전인자가 조종해 놓은 어떤 성질에 의해 이미 결정되어 있었을 것이라는 가정하에, 바로 그 성질을 연구하는 데 몰두한다. 너나 할 것 없이 모두 연구의 발전에 기여하는 설득력 있는 인식과 주장을 어느 정도씩 보유하고 있다. 그러나 일단 서로 반박하고 폄하하기 시작하기만 하면 그것으로 의견 교환은 끝난다. 판은 그야말로 야단법석이 된다.

모두가 옳다. 하지만 각자 아주 조금씩만 옳다. 그리고 우리는? 우리는 이 와중에서 무엇을 하나? 우리는 늘 우리의 생성 과정과 현재 우리 존재에 대해 우리 입맛에 가장 잘 맞게 설명하는 사람에게 제일 크게 떠들 수 있는 권리를 준다. 세상을 어디 한번 변화시켜 볼까? 프로이트와 피아제J. Piaget 등 그 비슷한 주장을 펼쳤던 사람들을 다 불러 모아, 인간은 스스로를 변화시킬 수 있고 교육하기에 따라 달라지는 존재라는 우리의 의견을 피력하는 방편으로 써 볼까? 세계 개선을 주장하던 이들의 개혁안이 좌초한 다음, 유전학자들과 사회생물학자들에게 마이크가 넘어갔다. 한층 더 깊이 우물을 파 보도록 말이다. 이렇게 시계의 진자는 왔다 갔다 한다. 마침내 아하, 마침내 어떨 때까지? 계속 움직이도록 진자를 계속적으로 살짝 튕겨 줄 의욕도 힘도 다 없어질 때까지. 튕겨 주지 않으면 진자는 언젠가는 멈추고 만다. 맨 아래 위치에, 한가운데서.

아직 그 정도까지 된 것 같지는 않다. 하지만 진자가 더는 이런 의견들의 힘으로 진동하지는 않는 현재 상태, 다시 말해 단지 추 자체 무게로 왔다 갔다만 하고 있는 이 상태를 이미 느끼고 알아챘을 것이다. 그렇다면 이제야말로 우리는, 아무 구속도 받지 않고 모든 방면에서 이 문제를 자세히 관찰할 기회를 갖게 된 셈이다. 관찰 결과는 아마도 이렇게 나오지 않을까? 사람의 인지 능력과 정서 능력은 타고난 유전적 조건 못지않게, 성장 발달 과정에서 주어지는 몇 가지 외부 영향에도 달려 있다고.

우리가 우선 명심해야 할 사실은 산파라면 누구나 일찌감치 알고 있는 사실, 즉 이 세상에는 똑같은 신생아가 둘 있을 수는 없다는 것이다. 설사 일란성 쌍둥이라고 해도 모든 면에서 다 동일하지는 않다. 인간은 누구나 출생 때부터 이미 남들과 구별되는 존재다. 단지 겉모습만을 말하는 게 아니다. 행동과 태도도 각각 다르다. 이 사람은 조용한 편인데 저 사람은 시끄럽다. 자기 주변에 관심을 갖는 사람이 있는가 하면 그렇지 않은 사람도 있다. 어떤 이는 이 세상에 무슨 일이 일어나도 눈 하나 꿈쩍하지 않고, 또 다른 사람은 사소한 일 하나에도 소리소리 질러 댄다. 주로 남에게 요구만 하는 사람이 있고, 상대방에게 무조건 양보만 하는 이도 있다. 각자가 다 유일무이한 존재다. 인간의 개성 중 어느 것이 부모에게서 받은 유전 프로그램으로 생긴 것인지, 그중 어느 것이 신생아가 그 장기적이고 극히 복잡한 모체 내 발달 과정을 겪는 동안 받았던 영향의 결과인지, 이 두 사항을 선명하게 갈라놓기란 출생 직후라 해도 거의 불가능하다.

인간의 뇌는 살아 있는 시스템 전반에 해당하는 발달의 근본 원칙을 그대로 따르며 발달한다. 즉, 새로 일어나는 상호 작용

(여기서는 신경 상호간의 연결과 시냅스 접속을 뜻한다)은 이미 자리 잡고 있는 상호 작용 모형의 범주 안에서, 그리고 그 기반 위에서만 일어날 수 있다. 이미 개발된 다양한 하부 시스템들 사이의 상호 작용 가능성에 의거해서만 새것이 생겨난다. 새로 형성된 조건으로 기존 상호 작용의 안정성에 문제가 생기는 경우에만 발달이 가능해진다는 말이다. 이는 뇌를 비롯한 모든 살아 있는 시스템에 두루 해당되는 원칙이다. 그런데 이 새로운 조건을 만들어 내는 건 발달하고 있는 시스템 자체일 경우가 많다(자체 발달을 하고 있는 뇌의 경우, 신경세포의 세포 증식, 신경돌기의 성숙, 성장 저지, 또는 성장 촉진 요소 분비 같은 것을 예로 들 수 있다). 이 상태가 지속되는 동안에 (뇌) 발달은—그 상황의 외부(곧 자궁 내) 조건이 허락하는 한에서—대단히 자치적으로, 즉 스스로를 조직해 가면서 자기 고유의 역동성을 보유한 상태에서 진행된다. 그러다가 세포의 증식과 성장이 멈추는 정도에 비례해서, 뇌의 자체 발달도 자체 역동성을 촉진하는 중요한 원동력을 상실하게 된다. 발달 과정 중인 뇌가 외부 세계와 접촉하는 빈도가 증가하면서, 감각 기관을 통해 들어오는 자극에 대한 반응, 그리고 그에 따른 접속 가능성으로서 이미 자리 잡고 있는 모형이 외부의 영향을 받는 확률이 그만큼 커진다. 뿐만이 아니다. 감각 기관을 통해 들어오는 자극으로 움직이기 시작한 자극

모형은 이웃고 특정 부위 신경 접속을 안정화해 버릴 수 있으므로, 이 접속의 안정성은 이제 이 접속을 안정화하는 자극과 자극 모형에 전적으로 의존하게 된다. 다시 말해, 이 시점부터 뇌의 발달은 외부에서 들어오는 감각 자극 요소에 대해 독립성을 잃어버리고 그 영향을 받아 결정된다.

우리는 누구나 태어나기 전에 이미 많은 걸 배운다. 그런 다음 세상에 나오게 될 때에, 아기는 다른 건 몰라도 이것 한 가지, 즉 '보호받는 느낌'이 무엇인지만은 확실하게 알고 있다. 그리고 출생과 더불어 드디어 불안을 알게 된다. 불안과 함께 일어나는 스트레스 반응의 결과를, 아기는 온몸으로 받아들이고 느낀다. 이것은 아주 적나라한 생존의 문제다. 해결 방법이라고 아기가 아는 것은 딱 하나, 소리쳐 우는 것뿐이다. 엄마 뱃속에서 맛보았던 그네 타듯 가볍게 이리저리 떠다니던 기억, 보살핌을 받고 있다는 확실하고 든든한 느낌, 이 보호감과 따스함의 부스러기 조각이라도 어떻게든 다시 한 번 체험하려고, 아기는 필사적으로 애쓴다. 낯익었던 엄마 뱃속의 기억, 예를 들어 엄마의 심장 뛰는 소리라든지 항상 반복해서 들었던 멜로디, 이제 다시 알아볼 수 있는 엄마의 냄새에 이르기까지, 이 모든 것이 아기의 불안을 완화시켜 주는 요소가 된다. 완전히 낯설고 새로운 세상에서 아기가 체험하게 되는 온갖 불안 말이다. 아기는 끊임없이, 옛날의 그 세계로 돌아가기 위해 안간힘을 쓴다. 그리고 그 과정에서, 새로운 경험을 차곡차곡 쌓아 간다. 스트레스 반응을 통제하는 자그마한 성공 하나하나가 모두 이 경험에 속한다. 그리하여 훗날 잃어버린 옛날의 행복을 되찾으려 할 때마다, 그는 아기 때 뇌 속에 자리 잡은 이 접속 기억을 되살려 내어 힘을 얻곤 한다.

신생아의 이러한 출생 직후 반응 양식은 얼핏 보기에는 마치 유전적으로 확정된, 타고난 신경 접속으로 조종되고 있는 것처럼 여겨지기 쉽다. 엄마의 가슴을 더듬어 마침내 젖을 찾아내는 갓난아기의 집요함은 그 전형적인 예가 될 것이다. 쥐를 대상으로 실험해 보아도 이 '젖 찾기 행동 양식'은 똑같이 나타난다. 밝혀진 바로는, 갓난아기가 엄마 젖꼭지를 향해 그렇게 움직일 수 있는 이유는 양수에 있었던 어떤 냄새 요소를 젖꼭지에서 분비하기 때문이라고 한다. 모태에서부터 익히 알고 있는 냄새라 아기가 좇아갈 수가 있는 것이다. 따라서 이 냄새 성분을 젖꼭지에서 씻어 버리면 아기는 엄마 젖을 찾지 못하게 된다. 또 양수를 어미 쥐의 등 쪽 털에 슬쩍 묻혀 두면, 아기 쥐는 거기에 젖꼭지가 있는 줄 알고 찾아 헤매는 헛수고를 하게 된다. 갓 태어난 쥐(아마 다른 포유동물도 마찬가지겠지만)의 (얼핏 보기에 마치 본능 같은) 젖 찾기 행동 양식은 이렇게 볼 때, 어떤 특정한 냄새가 모태 안에서 경험한 '보호받은 느낌'을 연상시켰고, 그 연상으로 생긴 신경 접속이 바깥으로 표현된 것이라고 볼 수 있다.

알에서 갓 나온 오리와 거위 새끼들이 '출생' 직후에 본 존재(움직이는 것이라면 결과는 마찬가지다. 설사 장난감 기차라 해도)를 졸졸 따라가는 현상도, 결국 이와 흡사한 신경 접속 형성의 결과이다. 콘라드 로렌츠K. Lorenz는 이 현상을 '각인'이라고 명명했다. 새끼가 대상을 어미로 인식하려면 이 '각인 대상'이 움직여야, 다른 말로 하자면 '갓 태어난 새끼의 시야에서 사라져야' 한다는 것이다. 이 '없어짐'이 새끼에게 불러일으키는 불안이 (소리쳐 부르기, 졸졸 쫓아가기 같은) 새끼 자신의 행동으로 해결되어야 하기 때문이다. 이러한 스트레스 반응이 거듭되면서 중추신경계에 일어난 변화는 이에 사용되었던 접속이 점차 확고히 자리를 잡도록 해 준다. 그렇게 하여 특정한 반응 양식이 굳어지는 것이다. 거위 새끼가 사람을 어미인 줄 알고 따라가게 되는 예에서 우리는, 위에서 얘기한 것과 같은 아주 초기 단계의 강렬한 접속 형성 과정이 훗날 어떤 심각한 결과를 낳는지를 여실히 보게 된다. 그런 거위는 성장한 다음, 자기의 '각인된 내용과 닮은 대상'과 짝짓기를 하려 한다.

위와 같은 현상은 신생아라면 누구나 겪는 일이다. 그럼에도 그에 대한 우리의 기억은 각각 다르다. 병이 없고 튼튼하게 태어난 아기는 그렇지 않은 아기보다 세상에 훨씬 빨리 적응한다. 몸이 약하고 민감한 아기는 체험 속도가 훨씬 늦지만, 그 대신 그 기억은 집중적이고 여운이 오래 남는다. 엄마가 정서적으로 안정되어 있고 경험이 풍부하여 안정감을 주는 사람일 경우, 이런 아기는 기분이 계속 변하는 엄마에 맞추어 매번 새롭게 적응해야 하는 아기보다 모든 면에서 성장이 빠르다. 엄마가 제공할 수 있는 것과 아기가 바라는 것이 서로 잘 들어맞을 때, 어느 한 부분만 지나치게 빠르게 발달하는 것을 저지하면서 그 힘이 내실을 기하는 쪽으로 사용된다. 한편 지나치게 조심스럽거나 불안해하는 행동 양식은 점차 사라진다. 그리하여 비로소 균형이 잘 잡힌 총체적 발달이 단시일 내에 이루어질 기본 환경이 완비된다. 반면 엄마와 아기의 협동 작업이 별로 조화를 이루지 못할 때도 가끔 있는데, 이 경우 엄마의 태도는 아기의 발달을 너무 빨리 촉진하여 아이가 한쪽으로만 치우쳐서 자라거나 지나치게 겁에 질려 성장하게 한다. 그 결과 독립적으로 자라기가 어렵다.

우리가 이 시기에 경험했던 것, 우리의 유전적 성향과 최초 경험을 갖고 이 세상에서 자리를 잡던 기억, 우리가 젖먹이로서 개별적으로 배웠던 것 등이, 성인이 된 지금 우리에게는 전혀 기억이 나지 않는다. 그러나 그때의 접속, 예를 들어 우리 몸의 움직임을 조합하느라고 만들어 낸 접속은 사라지지 않고 아직도 남아 있다. 불안을 컨트롤하기 위해 해결책을 찾을 때마다, 우리는 항상 이 접속을 계속해서 사용해 왔다. 그뿐인가? 확장하기도 하고 다듬기도 하면서 우리의 인생이 가져오는 새로운 요구에 새로이 맞추어 왔다. 그렇게 하여 우리의 타박거리던 아가 동작은 정확한 신체 조정 단계로 발전하게 되었다. 그리고 처음에는 그저 단순한 외침이자 옹알이에 불과하던 것이 점차 이해할 수 있는 언어, 즉 우리의 모국어로 변해 왔다.

우리 뇌 안에 형성되었거나 아니면 처음부터 유전적으로 자리 잡고 있던 수많은 접속 중 어느 것을 끌어내 사용하여 불안을 이겨 내는 데 성공할 때마다, 불안이 사라지는 데서 우리는 큰 보람과 기쁨을 느낀다. 칭찬과 함께 남들이 우리를 품에 안아 주고 입맞춰 주며 쓰다듬어 주면, 우리는 출생과 함께 잃어버렸던 따사로움과 보호받는 느낌의 한 조각을 되찾는 기분을 맛보게 된다. 나중에는 꼭 그런 게 아니더라도 칭찬 한마디, 사랑에 찬 눈길 하나, 어머니의 친절한 미소 한번도 우리에게 앞으로 살아가는 내내 충분히 그런 보호감을 되돌려 주고 용기를 주게 된다.

자, 지금까지 우리는 누군가가 가까이에 있으면 불안이 사라진다는 것을 거듭거듭 들어왔다. 우리에게 온기와 안전감을 전해 주고 우리를 보호해 주는 사람, 우리를 사랑하는 사람 말이다. 그것이 우리가 인생에서 최초로 경험한 것이었다. 이 느낌에 대한 접속은 끊임없이 궤도가 만들어졌고, 우리가 우리를 사랑하는 사람에게서 맛보는 아늑함은 각자의 뇌 속에 깊이 각인되었다. 아이라고 해서 모두가 이런 행복을 맛보는 건 아니다. 또 이런 접속이 인생의 나머지 시간 내내 처음과 똑같이 탄탄하게 유지되지 못하는 것도 안타까운 일이다.

컨트롤할 수 있는 스트레스 때문에 우리의 뇌 속에서 활성화되는 노르아드레날린 제어 시스템은, 출생 직후 2~3년간 신체 각 부분의 움직임을 조합하는 접속과 보호받는 느낌의 접속을 구축한다. 또한 외부의 자극을 처리하는 능력과 지각 능력 역시 이 시스템 덕분에 점점 정선되고 안정된다. 우리의 행동이 어머니에게, 또 그간 숫자가 상당히 늘어난 주변 관계자들에게 어떤 반응을 불러일으키는지를 우리는 점점 더 잘 인식하게 된다. 타인의 사랑과 나의 안전감을 확보하기 위해서는 어떻게 해야 하는지도, 시간이 감에 따라 더욱더 잘 알게 된다. 그리하여 언젠가는 드디어 그저 미소 한번 짓거나 다정하게 쓰다듬거나, 상냥한 말 한마디에 타인의 마음을 얻게 되는 것이다. 우리 자신의 행동을 통해 타인이 우리를 사랑하도록 만들 수 있게 된다는 말이다.

우리에게는 우리가 원하면 언제라도 그럴 수 있는 힘이 있었다. 정말 위험이 코앞에 닥치지 않았는데도, 지금 당장 불안과 압박에 몰려 있는 상황이 아니라도 말이다. 그렇기는 하지만 만약 이런 장치를 별로 절실하지도 않을 때 심상하게 작동시켰다면, 이 능력과 관계된 신경 접속은 우리 뇌 안에 자리 잡지 못했을 것이다. 이런 접속이란 게 본디, 처음부터 당연히 존재하는 것이 아니라, 우리가 불안을 느껴 그것을 사용할 때 비로소 생겨나기 때문이다. 우리가 사랑스럽게 미소를 띠고 다정하게 쓰다듬을 때엔 괜히 그런 것이 아니었다. 다른 사람이 몹시 괴로워한다는 것, 엄마나 아빠가 수심에 차 있다는 것, 부모가 불안에 차 있다는 걸 느껴서 그랬던 것이다. 이렇게 보내는 우리의 웃음에 상대방이 응답해 줄 때마다, 그들과 동병상련하느라 우리 마음에 드리워졌던 불안도 함께 깨끗이 사라져 버리곤 했다. 그리고 이에 해당하는 접속이 우리의 뇌 속에 그만큼 더 깊이 자리 잡게 된 것이다. 그 결과 우리 마음속에 남는 것은 다른 사람에게 불안을 이겨 낼 수 있게 하는 뭔가를 줄 수 있다는 느낌, 남에게 헌신할 수 있다는 느낌이다. 이때 우리는 비로소 깨닫는다. 남을 사랑한다는 것이 과연 무엇인가를.

저 옛날, 우리 부모가 조바심을 내며 우리의 첫걸음마를 기다렸을 때, 처음 말을 시작하고 기저귀 떼기를 고대할 때, 우리는 우리도 모르는 사이에 그들에게서 아주 중요한 능력 두 가지를 배웠다. 당시에—이보다 중요하게 취급되는 다른 여러 가지 능력과 비교해 볼 때—우리의 앞길을 사실상 결정했던 이 힘은 마치 식물의 떡잎과 같다. 막 발아하는 해바라기 씨앗에서 떡잎이 솟아오르듯, 우리의 뇌 안에서는 출생 직후 몇 개월 동안에 어떤 느낌이 자라나 강화되기 시작한다. 내가 다른 사람에게 사랑받는다는 느낌과 나도 남에게 사랑을 줄 수 있다는 느낌이 바로 그것이다.

이 느낌이 자라나기 위해서는 누군가가 아기를 위해 거기 있어야 한다. 다사로움과 다정함을 아기에게 맛보게 해 줄 수 있는 사람, 두려움도 망설임도 없이 아기에게 몸과 마음을 다 바칠 수 있는 사람, 그러나 늘 그런 것이 아니라 아기가 불안을 느낄 때에만 그렇게 해 주는 사람이 필요하다. 엄마(또는 같은 역할을 한다면 그 누구라도 마찬가지지만)는 아기가 불안해하는 걸 알아차릴 수 있어야 한다. 그리고 아기에게 아주 분명하고 충분히 알아들을 수 있는 방법으로, 아기의 불안뿐 아니라 엄마의 불안까지도 다 없애 버릴 수 있다는 걸 보여 주어야 한다. 아기를 즐겁고 행복하게 할 각오가 되어 있다는 믿음을 심어 주어야 한다. 아기의 침대 머리맡에 걸려 있는 모빌이나 방 한쪽에 놓여 있는 '교육학적으로 가치 있는' 온갖 장난감은 이에 비하면 부수적인 장식품에 불과하다. 이 시기엔 아기가 위에서 말한 떡잎 두 장을 피워 내기에 여념이 없기 때문에 아이를 교육하겠다는 목적으로 어떤 조치를 취하든 전부 별 효과가 없다. 자기들 눈에 특별히 중요해 보이는 능력을 자녀에게 이때부터 가르치려는 부모가 있는데, 아이들 입장에서야 그러한 부모의 뜻을 이해하기가 어렵다. 예컨대, 기저귀에 쉬하기를 그치고 아기용 변기를 사용하라고 자꾸 가르쳐도 잘되지 않을 경우, 아이는 컨트롤할 수 없는 스트레스 반응만 계속 느끼게 된다. 그리고 그 때문에 아기의 뇌 속에서 지금까지 발달되어 왔던 접속들이 전부 해체되어 버린다. 이때 피해를 받는 접속 중 가장 대표적인 게 바로 보호감 접속과 이 보호감 획득 능력에 대한 확신 접속이다. 자기 나름의 생각에 치우치지 않고 아이가 보내는 신호에 꼼꼼히 주의를 기울인다면, 자기 아기의 기저귀가 축축해지는 때를 어느 부모나 아주 정확히 알아낼 수 있다. 바로 이때가 아기를 도와줄 최적의 시간이다. 이 작은 문제를 해결해 줄 때 아기에게, 자신의 능력에 대한 믿음을 자라게 할 수 있다. 반면 아차 하는 사이에 이 시기를 놓쳐 버리면, 아기는 전혀 다른 것을 배우게 된다. 기저귀가 꽉 찬 채로도 그럭저럭 잘 지낼 수 있다든가 뭐 그런 식의 태도 말이다. 이런 믿음 역시 뇌 안에 일정 궤도로 자리 잡게 되는데, 나중에도 웬만해서는 해체되기가 매우 어렵다.

그러므로 부모라면 모름지기 자기 아이에게 어떤 일이 일어나고 있는가를 알아보는 아주 섬세한 감각이 있어야 한다. 아이가 어떻게 느끼고 있는가, 무엇을 겁내고 있는가, 자기의 불안과 그 때문에 생긴 스트레스 반응을 컨트롤하기 위해 어떤 방법을 쓰는가 등을 알아챌 수 있어야 한다. 이러한 감각을 어떻게 키울 수 있는지는 나도 모른다. 젖먹이의 내면으로 들어가 함께 느낄 수 없는 사람이라면, 이 세상의 하고 많은 책이며 잡지, 육아서를 다 읽어 보았자 별 소용이 없으리라. 그런가 하면 아기의 발달 과정에 관한 일말의 기본 지식도 없는 상태에서 단순히 아이의 마음을 이해하려고만 드는 사람 역시 생각해야 할 점이 있기는 마찬가지다. 발달 과정 중 현재 처한 단계에서 아기는 과연 세상을 어떤 방식으로 볼 것이며 그 이유는 무엇인가, 아이가 받는 느낌은 무엇이며, 왜 그렇게 느낄 수밖에 없을까 등을 전혀 고려하지 않고 알지도 못하면서 아이를 이해하려 할 경우, 자기 나름의 생각과 느낌을 무의식중에 아이들의 생각으로 간주해 버리기 쉽다.

엄마의 애정이 안전하게 자기를 보호해 주고 새로운 것에 대한 불안을 컨트롤할 수 있게 도와준다는 것을 출생 직후 1년 동안 경험하고 나서 아기가 어떤 느낌을 갖게 될지, 대강은 윤곽을 그려 볼 수 있다. 엄마의 애정은 아기에게 안전감과 보호감을 주어, 새로 닥쳐오는 일에 대한 불안을 다 이겨 낼 수 있게 한다. 엄마라는 이 안전한 우산 밑에서 성장 발달하면서 아기는 걷기, 말하기를 배웠다. 장난감집을 짓고, 나무토막으로 탑도 쌓아 보고,

음식을 혼자 힘으로 먹어 보기도 했다. 무엇보다도 상황이 위험하다 싶으면 얼른 이 우산 속으로 들어가 숨을 수 있다는 것을 알게 되었다. 아기에겐 바깥세상도 어느덧 태어나기 전 엄마 뱃속에서 느꼈던 것과 비슷하게 다시 안온해진다. 이 보호감이 자신에게 얼마나 필요한지를 아기는 잘 안다. 그렇기 때문에 이를 언제고 얻을 수 있다는 걸 항상 거듭 확인받아야 한다. 아기가 엄마 치마폭에 끈끈이주걱처럼 꼭 매달려 있는 것은 바로 이 때문이다. 누군가 다른 사람이 엄마를 빼앗아 가지 않도록 주의해야 하니 말이다. 이렇게 아이가 잔뜩 긴장해서 버티고 있는 한, 아무것도 도망가지 않는다. 따라서 그렇게 얼마를 지나다 보면 아기는 서서히 엄마도 나름대로 권리가 있으며 아빠도 엄마 관심을 받을 수 있다는 것, 심지어 다른 형제도 엄마의 애정을 나눠 받아야 한다는 것을 알아차리게 된다. 그런데 이러한 사실을 확인하는 것은 아이가 지금까지 누렸던 보호감을 위협한다. 확실하다고 믿었던 우산이 위험스런 구멍과 갈라진 틈투성이라는 걸 발견한 것이다. 그러자 옛날의 그 불안이 다시 일어난다. 이제 다시 한 번—그사이 벌써 두 번째가 되는데—저 낯설고 위험한 새 세상으로 내던져지는 것이다. 아기는 저 컨트롤할 수 없는 스트레스 반응을 어떻게든 컨트롤해 보려고 필사적으로 노력하게 된다. 그리고 이번에도 해답을 찾아낸다. 그런데 이번에는 가야 할 길이 옛날처럼 자동적으로 나타나지 않는다. 지금껏 쌓아 왔던 경험과 그때그때 등장했던 상황을 토대로 해서, 이제 한 걸음씩 앞을 더듬어 가면서, 시행착오를 수도 없이 거듭해 가면서, 자기 길을 스스로 개척해야 한다. 이때부터 수년에 걸쳐 아기는 이 일과 밤낮으로 씨름하게 된다.

처음에는 엄마에게서 얻는 보호감을 지금까지 그래 왔던 대로 오로지 자기 혼자 다시 독차지하려고 애써 본다. 그것이 실패로 돌아가면 이 어린아이는 자신의 노력을 좌절시키고 자기를 위협하는 모든 사람에게 거부와 분노, 증오를 품게 된다. 엄마가 개인적으로 관심 있는 뭔가를 하는 걸 엄마를 빼앗기는 걸로 해석하여 아이가 유난히 거부 반응을 보이는 경우가 있다. 이때 엄마가 확고한 자기 발전 의지가 있어 아이의 반대에 끄떡도 않으면, 즉 아이의 엄마 저지 시도가 도저히 이뤄지지 않으면 아이의 뇌 안에서는 컨트롤할 수 없는 스트레스 반응이 일어난다. 그리고 이 상태가 오래 지속되면 뇌 안에 자리 잡고 있던 엄마와 아이의 신경 접속이 느슨해져 버린다. 긴밀했던 엄마와 아이의 관계가 점차 소원해지는 것이다.

반대로 엄마 자신의 이익이 자신에게도 별로 해롭지 않다고 생각되면, 아이는 자신을 엄마의 생각과 목표에 일치시키려 노력한다. 엄마처럼 되고 싶어 한다. 이런 노력을 엄마가 더욱 사랑해 주고 칭찬해 주면, 이 경험은 컨트롤할 수 있는 스트레스 반응으로 거듭 반복 체험된다. 이와 함께 활성화되는 접속도 이에 따라 점차 궤도를 굳혀 간다. 엄마와 결합이 강화되고, 엄마에게 물려받은 능력과 근본적 확신 역시 뇌 안에 확실하게 자리 잡게 된다.

아이와—자기와 마찬가지로 엄마를 차지하려고 하고, 그래서 아이에게 위협으로 나타나는—아빠의 관계가 앞으로 어떻게 전개되는가는 전적으로 부모 두 사람 사이의 관계에 따라 결정된다. 남편을 향한 아내의 감정이 식어 버린 지 오래되었다면, 아빠를 거부하는 것이 아이에게 엄마의 총애를 보장해 줄 수 있는 가장 성공적인 작전이 될 수 있다. 이때 거듭 활성화되는 컨트롤할 수 있는 스트레스 반응은, 아빠를 적극적으로 거부하는 과정에서 사용되는 접속들을 확실하게 정착시켜 준다. 그렇게 하는 가운데, 이미 생겨났던 아빠와 아이의 결합은 이 새 경험으로 덮여 버리고 억제된다. 아빠의 능력과 생각 같은 것이 아이에게 더는 전달되지 않는다.

하지만 아빠를 따돌리려는 아이의 노력에 엄마가 동의하지 않으면, 이 '아빠 문제'의 속 시원한 해결은 없다. 이 처지에서 아이가 선택할 수 있는 것은 오로지 아빠의 목표와 소원, 생각을 자기 것과 일치시키는 것뿐이다. 이 작전이 성공하면 이 경험은 거듭 등장하는 컨트롤할 수 있는 스트레스 반응과 관계된 모든 접속을 강화하게 된다. 아빠와 아이의 관계는 더욱 밀접해지고, 아빠에게 물려받은 능력과 생각은 훨씬 더 확실하게 아이의 내면에 자리 잡게 된다.

아빠에 이어 다른 위아래 형제들과 관계를 만들어 가는 과정에서도, 아이는 이 두 방법 중 하나를 선택해야만 한다. 거부하고 관계를 해소해 버리든가, 거기 의존해서 자기를 동일시하든가. 그때마다 아이는 어떤 행동이 자기에게 보호받는 느낌을 더 많이 가져다줄 수 있는지, 그 결과 불안을 해소하기에 더 적합한지를 고려해서 결정한다.

인간의 기본 욕구는 어떻게 생겨나는가 하는 중요한 문제에 대해, 발달심리학은 아직 시원한 답을 주지 못하고 있다. 피아제를 시작으로 하는 인지적 발달심리학은 아동의 발달 단계를 지능, 추상화 능력, 인식으로 나누어서 파악하고 있다. 따라서 정서적 발달에 대해서는 아무런 설명을 하지 않는다. 그런가 하면 정신분석적 발달심리학은 정신성적인 발달, 말하자면 (넓은 의미에서 프로이트의) 성충동의 발달을 정서적 발달의 지배적 이론으로 확장시켰다. 정서적 발달이 충동적 기본 욕구, 즉 '본능적 충동'(의존성 욕구와 자율성 욕구, 성적 · 공격적 · 자기도취적 욕구)에서 파생한다는 설이다. 이 설에 따르면, 이른바 본능적 충동은 나이에 따라 각기 다른 발전 과정을 거치게 되는데, 정서성 발달과 긴밀히 연결되어 있는 이 발전이 지장을 받으면 인성이 신경증(히스테리)적인 특징을 띠게 된다고 한다.

이 본능적 충동에 따른 발전은 으레 몇 단계로 나눠 설명된다.

1. 구강기: 대략 출생부터 한 살 직전까지의 시기.
2. 항문기(항문 사디즘 시기): 두 살과 세 살 무렵.
3. 남근기(나르시스 시기, 오이디푸스기): 네 살과 다섯 살 무렵.
4. 충동 휴지기(잠복기): 여섯 살부터 사춘기 사이. 여기서 사춘기는 개인의 성을 최종적으로 완성하여 성인으로 넘어가게 하는 과도기로 인식된다.

프로이트에게서 유래한 이 발전 모델은 스피츠Spitz, 에릭슨Erikson, 말러Mahler의 손을 거치면서 여러 군데 중요한 부분에서 내용이 확장되었다.

그런데 이 모델이 요즘 들어서 의미심장한 변화를 겪고 있다. 변화의 동인이 된 것은 두 가지다. 실험발달심리학으로 증명되고 있는 이른바 관계(애착: 아동과 아동의 보호자 사이의 심리적 상호 연결)(크래머Kraemer, 1992)의 중요성이 그 하나고, (컨트롤할 수 있는, 그리고 컨트롤할 수 없는) 스트레스 반응이 뇌 발달에 끼치는 영향(로텐베르거Rothenberger&휘터, 1997)에 대한 인식이 나날이 증대하고 있는 것이 다른 또 하나의 이유다. 이 책에서 소개된 개념에 기초해서 이해한다면, 위에서 본능적 충동이라고 명명한 것은 결국 신경 접속 분야에서 이미 일어난 길 놓기 작업이 가시적으로 나타난 것과 다름없다. 그렇게 볼 때, 의존성 욕구와 자율성 욕구, 공격적 욕구와 자기도취적 욕구는 문제를 성공적으로 처리하기 위한 아동의 전략으로 평가될 것이다. 그리고 이 전략의 골격을 이루는 접속 모형은, 이전에 거듭해서 일어난 컨트롤할 수 있는 스트레스 반응을 통해 아동의 뇌 안에 이미 깊숙이 자리 잡고 있었던 셈이다. 그리고 다음 순서로 아동의 사고와 감정, 행동이 이 접속 모형으로 이루어지도록 동기를 부여하는 것은 바로 아동이 경험한 불안과 그 불안에서 초래된 극복을 향한 근본 욕구, 말하자면 안전에 관한 욕구라는 이야기가 된다.

이 불안을 억제하기 위해 선택하는 전략은 아동의 그때그때의 발달 정도에 따라 달라진다. '엄마와 아동이라는 두 사람의 관계'를 거쳐 '세 사람의 관계', 즉 아동과 부모의 관계로 이어지는 것이다. 이 과정에서 일어나는 동일화 노력과 구분화 시도는 보통 상호 모순된 감정을 수반하게 된다(오이디푸스 콤플렉스, 거세 콤플렉스 등).

서로 충돌하고 끊임없이 왕복을 거듭하는 이 감정의 혼돈 속에서 어떻게든 자신을 지키는 일에, 아이는 몇 년 동안 몰두한다. 방금 생각해 봤던 '구식' 가정 구조를 요즘 흔히 볼 수 있는 '현대적' 으로 변형된 가정 구조로 대치해 본다 해도, 어떻게든 길을 내면서 이 빽빽한 덤불을 뚫고 나가는 아이의 걸음걸음을 추적하는 게 수월하지는 않다. 엄마와 아빠의 역할을 바꾸어서 아이의 제일 중요한 인간관계가 아빠와 강력하게 맺어져 있다고 가정해도, 별로 달라지는 게 없기 때문이다. 엄마나 아빠 어느 한쪽하고만 살면서 성장한다고 해서 그것이 반드시 아이에게 손해가 되는 것은 아니다. 남아 있는 부모와 일치하는 쪽으로 길을 택하기가 훨씬 쉽고 또 그것을 급속히 이루어 낼 수 있을 테니 말이다. 아울러 감정상의 불균형을 겪는 수고도 많이 덜어진다. 하지만 그 대신 지불해야 할 대가가 있다. 그것은 바로 경쟁력, 즉 능력을 키울 수가 없다는 점이다. 이 능력의 접속은 다른 부모와 자기를 동일화할 수 있을 때에만 뇌 안에 형성된다. 만약 부모의 관계가 서로 부정하고 거부하는 관계라면, 양쪽 부모와 함께 살 경우라도 위와 같은 결핍 현상이 일어날 수 있다. 아이가 엄마와 아빠 양쪽 전부와 자기를 동일시할 수는 없기 때문이다.

형제간의 상호 관계가 아이의 정신 발달과 정서 발달에 끼치는 영향력은 지금까지 과소평가되어 왔다. 같은 성별에 나이차도 별로 나지 않는 경우라면, 그 영향력은 더욱 커진다. 이런 상황에서 맏형이나 맏언니 입장에 있는 자녀는 가정이라는 세상이 자기를 우선적으로 위하고 보호해 주는 걸 당연하게 요구하는 경향이 있고, 이 요구는 일반적으로 잘 받아들여진다. 맏이의 사고와 감정, 행동의 길이 근본적으로 일직선적이고 유연성이 별로 없는 것은 전혀 놀라운 일이 아니다. 그러나 둘째부터는 불안을 극복하는 방법을 달리 선택해야 한다. 이 길은 종류가 매우 다양할 뿐 아니라, 잔가지가 많은 복잡한 길일 경우가 많다. 그래서 초입은 한동안 괴상하게까지 보일 정도지만, 일반적으로 맏이의 길보다 훨씬 덜 경직되어 있고 좀 더 복잡하게 엉켜 있다.

시골의 가정은 가족의 연대가 훨씬 더 강하다. 하지만 이곳에서 아이를 돌봐 주는 사람이 아이의 심리 발달에 미친 영향에 대해서는 지금까지 크게 관심을 기울이지 않았다. 특히 아이의 부모와 사이가 좋은 조부모라면 아이에게 아주 큰 도움을 준다. 부모와 형제 사이에서 겪는 결속과 거부 같은 감정의 혼돈에서 빠져나올 기회를 아이에게 제공하기 때문이다. 그냥 거기 있는 것만으로도 조부모는 아이에게 안정감과 보호감을 준다. 아이는 조부모가 자기를 위해 있다고 느끼고 그들을 사랑한다. 엄마나 아빠에게 빼앗길까 끊임없이 걱정할 필요도 없으니 얼마나 좋은가? 이 역할을 삼촌이나 이모가 할 수도 있다. 유치원 보모와 입학 첫

학년을 담당하는 학교 교사들은 항상 이 역할을 떠맡게 된다.

아이가 관계하는 사람들의 범위가 점차 커지면서, 친구들이 여기 속하게 된다. 이 관계는 아이에게 좋은 방패가 되기도 하지만 끊임없는 불안의 원천이 될 수도 있다. 친구들의 관계는 특정한 생각이나 사람을 공동으로 모방하거나 동일시함으로써 굉장한 강도에까지 이를 수도 있다. 이런 점을 십분 활용하는 것이 바로 대중매체다. 지속 시간이 짧고 의문의 여지가 많은 모범이나 우상을 특수 연령집단이나 사회층을 위해 설정해 놓고, 선전을 통해 광범위하게 퍼뜨리는 것이다.

컨트롤할 수 있는 부담과 컨트롤할 수 없는 부담이 발달 과정에 있는 뇌의 구조를 세우면서 특징적 행동과 느낌이 형성되는데 어떤 방식으로 관계하는가 하는 문제는, 아주 굵직한 사실 몇 가지 외에는 아직 증명된 것이 없다. 컨트롤할 수 있는 스트레스 부담이 반복될 때 장기적으로 어떤 결과가 나타나는가는, 쥐를 대상으로 한 실험에서 잘 볼 수 있다. 젖먹이 쥐를 태어난 날부터 21일 동안, 매일 15분씩 어미와 형제들에게서 떼어 내 개별 우리에 혼자 있게 했다. 이 '길들이기'는 주로 젖먹이 쥐의 스트레스 반응을 눈에 보이게 활성화시키고, '음향화된 고통'이라는 양적으로 측정할 수 있는 행동 표현을 유발한다. 실험 대상 동물이 반복적인 '길들이기 절차'에 익숙해지는 정도에 따라, 반복된 컨트롤할 수 있는 스트레스의 특징도 그만큼 분명하게 드러난다. 신경내분비 스트레스 반응이 점차 약화되는 것이다. 자극에 해당하는 신경 접속이 공고화되고 길이 닦이면서, 항상 똑같은 자극에 대한 대답이 습관으로 굳어진다. 이렇게 적응하는 쪽으로 변해 가는 처리 방식에 중추신경이 어린 쥐에게서 얼마나 복합적이고 근본적으로 실행되는지는, 그로부터 약 1년이 지난 후에 다 자란 동물을 면밀히 조사해 보면 확연히 나타난다. 즉, 새로운 종류의 자극원에 불안을 느끼거나 피하려고 하는 경향이 현저하게 줄어들어 있다.

기저를 이루는 코르티코스테론 분비량이 감소하고, 일단 HPA 시스템을 가동시킨 후에는 그사이 증가했던 글루코코르티코이드 분비를 재빨리 정상화하기 때문이다(레빈 외, 1967; 미니 Meaney 외, 1993; 스마이드Smythe 외, 1994). 어른이 되기 전의 쥐가 풍족한 환경(환경 자체의 복합성에 의거, 다양한 자극원을 제공하여 컨트롤하기 좋은 스트레스 반응을 자주 유발하는 환경을 말한다)에서 자라났을 경우, 이런 쥐에게는 수상돌기가 크고 가지도 무성한 피라미드 세포를 가진 두터운 피질이 생성된다. 이런 뇌피질은 시냅스의 밀도도 높을뿐더러 교세포의 수도 많고, 혈관도 튼튼하다(그리노&베일리, 1988). 출생 직후부터 청년기 사이의 발달 단계 동안 이런 식의 컨트롤할 수 있는 스트레스 부담으로 발생한 세포 구축과 신경 접속 모형의 적응 수정이 해당 생물체의 그 이후 행동 양식에 미치는 영향은, 원숭이를 대상으로 한 실험을 통해서도 잘 조사되어 있다. 청소년기에 아주 다양한 새 자극을 접하여 컨트롤할 수 있는 스트레스 경험을 할 기회가 많았던 원숭이는 그러지 못한 형제 원숭이들보다 사회적 행동 능력이 훨씬 뛰어나고, 문제를 해결하는 속도도 더 빠르다. 새로운 자극을 훨씬 느긋하게 컨트롤하며, 훨씬 복합적이고 풍부한 행동 양식 목록을 보유한다(클라크Clarke, 1993).

접어든 길이 과연 목적에 합당한 길일까 하는 끝없는 의구심, 장기적 불안감과 그 때문에 지속적으로 가동되는 컨트롤할 수 없는 신경내분비 스트레스 반응, 이런 것은 원숭이나 인간처럼 학습 능력이 뛰어나고 사회적으로 조직화되어 있는 포유류만이 아는 경험이다. 이런 반응을 일으키는 주원인은 사회심리적 부담과 심리적 부담이다. 아동기에 발생할 수 있는 최초의 가슴 아픈 경험과 시간이 지난 후에까지도 여전히 가장 중요한 경험은 지금까지 존재했던, 안전감을 느끼게 해 주었던 보호자를 잃어버리는 일이다. 어미에게서 떼어 낼 때, 포유동물에게는 컨트롤할 수 없는 신경내분비 스트레스 반응이 지속적으로 일어난다(코어Coe&레빈, 1981). 그러면 처음에는 어떻게 해서든지 이 상황을 수습하기 위해 안간힘을 쓰게 마련이다. 심지어 개나 헝겊 인형 같은 것을 잃어버린 보호자 대신으로 받아들이기까지 한다. 하지만 그 모든 노력이 헛수고가 되고 나면 마침내 수동적이 되면서, 주변 세계에 흥미를 모두 잃어버리고, 마침내 죽어 가게 된다(셀리그먼Seligman, 1975; 크래머, 1992).

청소년기에 일어나는 컨트롤할 수 없는 스트레스 부담이 가져오는 결과에 대해, 원숭이를 대상으로 실험한 적이 있다. 어미 원숭이들은 이 실험에서, 먹이를 마련하는 데 온 신경을 써야 하는 환경에 있었다. 그래서 새끼들을 자주 방치했다. 이 어미들은 자식들과의 내적 연결성이 희박했고, 자식을 대하는 태도도 매우 불안했다. '극히 좋은' 환경에서 성장한 원숭이들보다, 이런 어미의 자식들은 생후 1년 동안 새로운 자극을 경험하면 쉽게 흥분하는 편이었다. 어미에 대한 의존성이 무척 컸고(로젠블럼Rosenblum 외, 1994), 4년 후에도 여전히 자신감이 없었고 비사회적, 굴종적 태도를 보였다(앤드루스Andrews&로젠블럼, 1991). 이러한 청소년기 스트레스 부담은, 전체적인 (아드레날린과 세로토닌의) 전달체 시스템에 막대한 변화를 일으킨다. 아동기 초기에 일어나는 이런 종류의 컨트롤할 수 없는 스트레스 부담은 불안 장애와 정서적 질환을 유발할 확률이 높을 것으로 추측하고 있다.

아이는 발달 과정에서 다른 사람뿐만 아니라 다른 생물과도 관계를 맺는다. 어떤 모습이건 이 관계는 아이의 마음에 흔적을 남기며, 훗날 아이의 태도를 좌우하게 된다. 이 흔적이란 바로 컨트롤할 수 있는 스트레스와 컨트롤할 수 없는 스트레스의 영향으로 아이의 뇌 안에서 고정되거나 해체되는 접속을 말한다. 생각과 느낌과 행동의 길이 가능하면 다양하고 풍부하게 머리 안에 건설되고 또 확고해지기 위해서는 다른 사람과 깊은 관계를 맺을 수 있는 기회가 주어져야 한다. 얕은 관계는 잠들어 있는 노르아드레날린 시스템을 흔들어 깨우지 못하기 때문이다. 뿐만 아니라 컨트롤할 수 없는 스트레스 반응으로 뇌 안에 굉장한 소동이 일어났을 때에도 아무런 안정을 주지 못한다. 아이들에게는 기회가 주어져야 하고, 그들은 또 이 기회를 사용할 수 있어야 한다. 자기 자신은 물론이고 발달 단계의 어느 특정 시기에 자기가 이미 생각하고 느끼고 해낼 수 있는 모든 것을 한번 검토해 볼 수 있도록 말이다. 새로운 인간관계를 경험할 때마다 그 관계 속에서 이런 사항들을 다시 한 번 확인하면서, 확장 · 심화하고 필요하다면 해체시키기도 하면서 자랄 수 있어야 한다. 그런 후에야 비로소, 처음에는 뒤죽박죽으로 엉켜 있던 모순된 감정의 숲 사이로 걸어갈 만한 길을 낼 능력이 아이에게 생긴다.

사회적 요소들이 뇌의 성장 발달에 끼치는 영향에 대해서 신경생물학적 관점에서는 지금까지 별로 연구된 것이 없다. 현재까지의 학문적 성과를 일별하려면, 레온 아이젠버그L. Eisenberg의 책(1995)을 참조하기 바란다.

우리는 생각과 느낌과 행동이 항상 몇 안 되는 잘 닦인 국도와 고속도로만을 달리게 하지 않는 뇌, 그러한 신경 접속을 많이 가진 복합적인 뇌를 가져야 한다. 그리고 그러한 뇌는 사춘기 초기까지는 완성되어야 한다. 그래야 이 시기에 눈뜨기 시작하는 성과 성애가 다양하게 가지를 치는 새로운 길을 만들 수 있기 때문이다. 그래야 이 새 길이 아무런 강박과 불안을 일으키지 않으면서, 지금까지 발달되어 온 생각과 느낌의 길과 조화롭게 연결될 수 있다. 그렇게 할 수 있었던 사람은 불안으로 야기된 스트레스 반응을 이후 삶의 도정에서도 내내 선용할 수 있게 된다. 자신의 지식과 힘을, 내면에 확실히 자리 잡은 사랑과 책임이라는 감정과 긴밀히 연결된 신경 접속을 뇌 안에서 확장시키고 계속 발전시켜 나가게 된다. 이런 사람들은 인생의 의미를 찾기 위해 끙끙대며 시간을 오래 소비할 필요가 없다. 매일매일 그 의미를 새롭게 발견할 정도로 자유롭기 때문이다. 나중에 언젠가 이런 사람들이, 자녀가 온 정성을 기울여 들판에 핀 꽃에 물을 주는 모습을 보게 된다면, 아아, 저 아이도 분명 나와 마찬가지로 올바른 길 위에 서 있구나, 하는 행복한 깨달음으로 그 광경을 즐길 수 있을 것이다.

꽃에 물을 주는 소녀의 모습을 방해받지 않고 한동안 바라볼 수 있다면 얼마나 좋겠는가! 그러나 우리의 머릿속에는 이미 어떤 다른 사람의 모습이 보인다. 나이가 지긋하고 호인으로 보이는 남자, 산책용 지팡이를 손에 들고 코에는 안경을 걸쳤다. 들판에 있는 꽃에다 물을 주다니, 참 멍청하기도 하지, 라는 말을 저 소녀에게 하지 못하도록 막는 것도 이 사람이다. 이 사람도 역시 불안을 느끼면서 이 세계와 세상의 조건에 적응하면서 자라났다. 그리고 자기의 생각과 느낌과 행동에 일정한 궤도를 제공하는 어떤 해결책을 나름대로 찾아냈다.

그리고 이제 우리의 상상 속에는 어떤 사내아이가 등장한다. 휘파람을 불면서 소녀를 쫓아 달려오다가, 방금 물을 준 꽃들을 막대기로 마구 짓이겨 버린다. 이 행동을 할 때 이 사내아이도 역시 뇌 안의 어떤 접속을 사용한다. 불안을 해결하는 좋은 방법이라고 그가 나름대로 믿고 있는 행동 양식의 접속 말이다. 어디 그뿐인가? 덤불 속에서 아무 때나 어떤 남자가 불쑥 튀어나와, 바지춤을 열고서 자기 성기를 그 소녀에게 보일 수도 있다는 것까지 우리는 알고 있다. 사춘기에 눈뜨기 시작한 성을 아무 걱정 없이 기존의 몇 안 되는 접속과 연결시키는 데 실패한 사람일 것이다. 이전의 접속을 발달시킬 기회가 그에게 있었는데도 말이다.

풀밭의 가장자리에 지게차가 서 있는 게 보인다. 참, 근처 장난감 슈퍼마켓의 손님용 주차장이 며칠 후 여기 세워질 거라고 했지, 하는 생각이 난다. 시내의 맨 가장자리에 위치한 이 가게에 넉넉하고 쾌적한 주차장이 없다면, 사람들이 장난감을 사러 오지 않을 것이다. 아이들에게 장난감이 얼마나 중요한가? 장난감 가게의 지배인은 유창하게 설명에 열을 올리리라. 이 소녀가 우리 가게에서 살 수 있는 플라스틱 어린이 물조리개를 쓰지 않고 낡은 병에다 물을 담아 꽃에 물을 주는 것만 봐도 알 수 있지 않은가…… 등.

어쩔 수 없지 않은가. 우리가 살고 있는 이 세계, 여기서는 모든 게 가장 이상적으로만 되지는 않는 것을. 하지만 우리에게 허락된 건 이 지구 하나밖에 없다. 이 지구를 현재 모습으로 만들어 놓은 건 바로 우리이므로, 지구를 변화시킬 수 있는 것도 이 세상에는 오로지 우리뿐이다. 그러기 위해서는 아마 우리 자신부터 변화시켜야 하리라. 그런데 어떻게? 모든 게 다 안전하고 제대로 되어 가고 있다고만 믿으려 하는 한, 새로운 길을 찾을 기회는 없다. 하지만 불안을 용납한다고 해서 금방 일이 해결되는 것도 아니다. 보도, 국도, 고속도로 할 것 없이 이 세상 모든 길의 교통

혼잡을 우리가 너무 가까이서, 혹은 너무 멀리서 관찰하는 한, 새 길은 찾을 수 없다. 우리는 누구나, 자신이 그때그때 선택한 시각의 포로가 된다. 혹시 당신 주변에, 모든 걸 달리 보이게 할 만한 언덕이 있는지 살펴보지 않겠는가?

물론 당신은 언제라도 내가 사는 동네의 자그마한 언덕, 말산으로 돌아올 수 있다. 당신이 원하기만 한다면. 중부 독일이면 어디에서나 흔히 볼 수 있는 그런 언덕이다. 요 몇 년 전까지만 해도 동서독을 가르는 담장이 바로 이 언덕 꼭대기를 따라 서 있었다. 언덕이 두 쪽으로 갈라진 형국이었다. 그 당시 동쪽에 속하는 부분은 완전히 민둥산이었다. 거침없이 사격을 하려면 거기에 덤불도 나무도 없어야 했다. 통일 후 몇 년 사이에 작은 관목과 나무를 다시 심었다. 머지않아 아마 말산 전체가 옛 모습을 되찾을 것이다.

언덕을 오르는 길 양쪽에는 제대로 가꾸지 않은 과수원이 있다. 옆 동네에 사는 두 형제가 이곳에서 땅을 일궜다. 동서 경계가 생기기 전, 아주 옛날 일이다. 철조망이 그 위에 서자, 이곳은 주인 없는 농장이 되어 버렸다. 가지치기를 할 사람이 없었던 탓에, 나무들은 수십 년 동안 마구 자라나 버렸다. 과일들은 익어서 떨어지고, 땅에 떨어진 버찌와 자두 아래서 어린 자두와 버찌

나무가 새로 자라났다. 사과나무의 가지가 갈라지는 곳마다 겨우살이가 틈을 비집고 나왔다. 가지가 썩어 물러진 곳에는 딱따구리가 구멍을 뚫고 집을 지었다. 덩굴장미와 인동덩굴이 오래된 나무들을 뒤덮었다.

이 언덕에 올라가고 싶을 때가 있다. 거기 앉아서 꿈꾸듯이, 약간은 우수에 젖어, 저 아래 자동차들이 쌩쌩 지나가는 것을 지켜보고 싶다. 그럴 때면 나는 이 황량한 과수원을 가로질러 이리로 온다. 봄이면 여기 들딸기가 제일 먼저 익어 가고, 여름이면 제일 달콤한 버찌가 자라며, 늦가을에는 잎이 다 떨어진 가지에 아직 달려 있는 철늦은 사과를 먹을 수 있다. 이 사과는 여기 사는 새들의 먹이가 되기도 한다.

얼마 전에 나는 이 농장의 주인인 이웃마을 형제들을 만났다. 그 옛날, 지금으로부터 50년도 더 이전에, 당시 어린아이였던 이들은 아버지와 함께 이 과일나무를 심었다고 한다. 어떤 과일나무를 어디 심을까 고르던 일, 그 어린 가지들을 흙에다 심던 일, 그 가슴 설레던 기억을 아직도 생생하게 기억하고 있었다. 가지를 잘라 내는 법, 아래로 처진 가지를 위로 잡아 올려 묶어 주는 법, 접붙이고 접목하는 법, 한마디로 수확률을 높이는 기술 일체를 아버지는 이들 형제에게 다 가르쳐 주었다. 그 과일을 판 돈이 가족의 생계를 보장해 주었기 때문이다. 나무에 처음으로 열매가

열릴 무렵, 동서를 가르는 철조망이 그어졌다. 그때부터 아무도 이 농장에 발을 들일 수 없었다.

그러던 어느 날, 두 형제 중 한 사람이 철책을 기어올라 분단된 저편 조국으로 넘어가서 삶을 새로 시작했다. 그리고 다시 30년이 지난 얼마 전 어느 날, 이들 형제는 마침내 다시 그 농장에 함께 서서 무슨 농사를 지으면 좋을지 의논하였다. 요즘 같은 세상에 과일을 키워 생계를 꾸리려면, 땅을 완전히 새로 갈아엎고 생산성이 아주 좋은 품종을 심어야 한다는 데 의견을 모았다. 비료 주기며 농약 뿌리기, 심지어 거두기까지도 전부 기계로 하지 않고는 승산이 없었다. 그런데 거기 필요한 기계는 워낙 비싸서, 농장을 담보로 빌리려 해도 농장 규모가 지금보다 열 배, 더 좋기로는 백 배쯤은 커야 했다.

나이 지긋한 이 두 남자는 한동안 망연히 언덕 발치에 서 있었다. 그러더니 체념한 듯 머리를 설레설레 흔들면서 가 버리고 말았다.

010

전망 그리고 작별

여기, 미래가 현재의 자리를 차지하는 이 전환점에서야 비로소,

학문의 정설들이 신앙의 선견지명에 밀려나지 않을 수 없게 된다.

여기서 우리의 막막함이 시작된다. 당연한 일이다.

현대의 이 불안정 뒤편에서는 무엇이 생겨나고 자라는가?

그것은 다름 아닌 진화의 유기적 위기다.

— 테야르 드 샤르댕

내가 뇌 연구자로 일한 지도 벌써 여러 해가 되었다. 여전히 나는 실험실에서 일할 때 큰 기쁨을 느낀다. 그런데도 내가 왜 가끔 이 언덕에 올라오고 싶어 하는지, 이제 당신도 그 이유를 짐작할 수 있을 것이다.

도로의 생성과 소멸 과정을 이해하기 위해서는 그 길의 돌들을 일일이 다 뒤집어 봐야 한다는 식의 생각은, 여기 이 언덕 위에서는 절대 들지 않는다. 이 언덕은 지켜볼 수 있을 만큼 충분히 높은 곳에 자리 잡고 있지만, 그렇다고 모든 게 안 보일 만큼 너무 높지도 않다.

여기서는 모든 것이 아주 정확하게 보인다. 쉽게 열광하는 사람, 끈질기게 파고드는 사람, 그런가 하면 악명 높은 나 잘났소 형의 사람들. 이들은 자기가 중요한 인물이라는 걸 주변에 확인시키기 위해 끊임없이 입을 연다. 이런 사람들은 우리가 앉아 있는 여기 이 자리 같은 걸 보면 지루해서 하품 나는 표정으로 씩 웃고 말리라. 그러고는 금방 아무도 묻지 않은 질문에 답하고 자기만이 할 수 있는 일을 계속하느라 분주할 것이다.

그런가 하면 이런 사람들은 또 점점 엉망이 되어 가는 시계 내부의 톱니바퀴를 어떻게든 수리하겠다고 한동안 시간을 소비할 것이다. 그러나 사실 이들이 움직일 수 있는 건 시곗바늘 두 개뿐이다. 시간, 다른 어느 누구도 아닌 그들의 시간이 계속 지나가고 있음을 분명하게 보여 주는 시침과 분침 말이다. 그리고 나이가 들수록 이들은 큰 소리로 묻는다. 어떻게 하다가 이 시계 바퀴 속으로 들어오게 되었는가 하고. 그러다가 탈출구를 찾아내는 사람도 있고, 개중에는 그러지 못하는 사람도 있다. 옛날에 느꼈던 정열을 아직도 그대로 지닌 채 옛 바퀴를 부둥켜안고 있는 사람에게는 시간이 갈수록 짐이 더 무거워진다. 자기의 노력이 사실은 별 소용이 없다는 것을 깨닫게 되는 날까지 말이다. 그제야 그는, 매번 지금보다 더 큰 톱니바퀴를 찾아내어 전보다 더 빨리 돌려 보았자 불안이 잠잠해지는 건 겨우 그때뿐이라는 걸 확실하게 알게 된다. 불안을 컨트롤할 수 있는 프로그램을 갖고 있지 않은 사람은 실패할 수밖에 없다. 이는 태곳적부터 내려오는 생물학적 법칙이다. 일찍이 공룡이 멸종한 것도 바로 여기에 원인이 있다.

이제 당신에게 물어봐야겠다. 우리가 여기 언덕 위에 함께 앉아 있은 후 당신에게는 어떤 변화가 일어났는가? 우리가 평소에 느끼거나 알지 못했던 뭔가를 여기서 본 적이 있는가?

그렇지는 않았을 것이다. 왜냐하면 우리가 평소에 늘 경험하던 것 말고 새로운 건 하나도 없었으니까. 우리 주변의 생물체는 일단 조화가 깨지면 너나 할 것 없이, 가능한 수단을 전부 동원해서 그 잃어버린 조화를 되찾기 위해 온 힘을 기울인다. 우선 옛 조화부터, 그리고 그게 안 되면 하다못해 새로운 조화라도 찾기 위해. 그러므로 살아 있는 모든 것은 항상 같은 상태로 남아 있을 수는 없다. 세포 하나하나가 그렇고, 우리 각자가 그러하며, 어느 사회라도 마찬가지다. 세포는 세포 각 부분이 함께 작용하는 방식을 바꿀 때에야 비로소 변화한다. 우리도 마찬가지다. 우리의 행동 양식을 결정짓는 저 세포들이 서로 모여 작용하는 방식을 변화시켜야만 우리가 변한다. 한 사회는 어떻게 해야 변하는가? 그 사회를 현재 모습으로 만든 그 사람들이 변해야 비로소 그 사회도 변할 수 있다.

말로 하면 이렇게 시시하게 들리지만, 이를 실제로 행하기란 여간 어렵지 않다. 어느 시대에나 어떤 문화 집단을 막론하고,

인간은 다음과 같은 몇 가지 물음에 대한 답을 끊임없이 모색해 왔다. 왜 우리 자신은, 다른 사람들은, 우리가 태어나 살고 있는 이 세계는, 지금과 같은 모습으로 있는가?

처음에는 그저 모든 것이 신에게 부여받은 질서려니 여겼던 것이, 인지가 발달함에 따라 설명이 점점 더 가능해졌다. 눈에 보이는 자연의 구조와 사회구조가 주고받는 관계와 거기서 형성되는 맥락을 더 이해하게 되면 될수록, 처음에는 잰걸음으로, 나중에는 성큼성큼 이 질서를 설명해 낼 수 있게 된 것이다. 자신들이 날마다 움직이며 그 안에서 살고 있는 이 세상의 문제에 대한 해답을 찾으려고 노력하였다. 가능하면 위험부담이 적고 방해를 덜 받으면서 자신의 욕구를 충족시키기 위해, 장사를 하기 위해, 자원을 찾아내기 위해, 남의 공격에서 자신을 보호하기 위해 반드시 알아야 하는 이 세상 말이다.

물리에서 시작하여 훗날 화학과 원자, 마침내 살아 있는 세계의 맥락을 점점 깊이 파고들어 거기서 발견된 현상을 우리 삶에 유용하게 활용할 수 있도록, 학문의 원칙 하나하나가 발전되었다. 이 모든 수고와 안간힘을 부추기는 동기는 바로 불안이었다. 그리고 이 모든 노력의 목표는 안전이었다. 이 안전을 확보하는 가장 효과적인 길, 즉 가장 적합한 전략은—오랜 세월에 걸쳐 그렇게 보여 왔다—물질적이고 정신적인 독립성, 즉 지식과 권력을 자기 것으로 하는 것이었다.

우리는 아직도 선조들이 매우 성공적으로 걸어왔던 바로 그 길 위에 서 있다. 사회와 우리의 신체는 그런데 요즘 들어 전보다 훨씬 집요하게 우리에게 신호를 보내고 있다. 이 길이 막다른 골목처럼 보인다고 말이다. 이 길로 계속 간다면 아무래도 더 안전하지는 않을 것 같다. 불안이 덜어지지 않을 것 같다고도 한다. 불안을 덜어 주고 그럼으로써 이때 일어나는 스트레스 반응을 컨트롤하기에 적합해 보이는 지식과 권력을 개인적으로, 또는 집단적으로 집적해 온 것이 어느 사이 스스로 위협이 되어 버렸다. 힘이나 돈, 지식이 적은 사람은 어쩔 수 없이 뒤에 처지는 현상이 일어난 것이다. 불안에 쫓겨, 보다 큰 안전을 찾아서 이 사람들은 마치 어린 소년이 자기 눈에 거의 전능한 존재로 비치는 아빠를 따르듯, 성공한 사람이나 권력이 있는 사람, 물질적으로 독립한 사람들의 저 밝게 조명된 길을 따라갔다. 개인으로든 집단으로든, 아니면 전체 사회로든 다 마찬가지다. 이들은 가질 수 있는 건 전부 가져갔다. 가져올 것이 있는 곳이면 어디서나 자기들이 동원할 수 있는 온갖 수단을 다 사용했다.

그리하여 지금까지 그렇게 열심히 짜깁기해 왔던 풍요와 권력의 천장이 점점 얄팍해지고 구멍이 나기 시작하는 걸 겪어야 하는 이들의 불안은 점점 커진다. 처음에는 그저 어리둥절해하다가, 안절부절 못하게 되고, 그러다가 급기야는 심각하게 불안에 떨면서 지금까지 성공적이었던 전략을 써서 문제를 풀어 보려고 온갖 시도를 한다. 그러나 이전의 질서를 다시 만들어 내기에는 힘이 부족하다. 부를 희생하기도 싫다. 자기들이 지금까지 쌓아 온 권력과 부를 획득하는 방법에 대한 지식 전부를 동원해도, 이런 유의 위협을 해결하는 데 아무 소용이 없다는 게 드러난다. 상황은 그야말로 사면초가가 된다. 컨트롤할 수 없는 스트레스 반응을 피할 수 없게 되었다. 이른바 복지사회에서 가장 약한 지체, 말하자면 병자, 노인, 자녀가 많은 가족, 예민한 사람, 돈 없는 사람, 무직자, 이주민, 권리 없는 사람 등이 제일 먼저 스트레스 반응을 일으킨다. 아직 힘이 있는 사람들은 불안이 커지면 폭력을 쓸 태세를 갖추어 가고, 그렇지 못한 사람들은 체념과 질병, 붕괴로 가까이 가게 된다.

헌데 이 모든 것을 당신은 오래 전부터 알고 있었다. 아니면, 적어도 예상은 했다. 확인하고 싶다면 텔레비전 뉴스나 신문을 통해 매일이라도 할 수 있다. 내가 몇 페이지 안 되는 이 언덕 조감도에서 분명하게 그려 내려고 시도했던 내용은 아마 당신이 처음 듣는 이야기일 것이다. 나 역시 불과 몇 년 전만 해도 그런 것을 감히 생각조차 할 수 없었다. 개인의 느낌과 생각 속에 있는 거대하게 뒤죽박죽된 영역, 그와 더불어 거대한 인간 그룹의 생각과 느낌과 행동에 자리한 갖가지 모순과 수수께끼조차도 하나의 생물학적 기제로 소급해 보는 것이 언젠가는 가능하다는 것 말이다. 뿐만이 아니다. 스트레스 반응의 원인과 작동 원리, 결과를 아주 세세한 부분까지, 다시 말해 분자식과 상호 작용까지 파고들며 연구하고 분석하려는 시도가 언젠가는 막대한 정보를 얻게 될 것이라고는 나 스스로도 믿지 못했었다. 그래서 마치 퍼즐을 맞출 때처럼, 그 정보 덩어리에서 어떤 그림이 만들어지리라고는 생각하지 못했다.

우리가 지금까지 불안과 스트레스의 부정적 반응이라고 들어왔던 것들과 이 그림은 정말 너무 다르다! 우리에게는 항상 새로운 도전, 그 도전으로 생성되는 컨트롤할 수 있는 스트레스가 필요하다. 그래야 우리 삶의 다양한 요구에 좀 더 잘 적응할 수 있기 때문이다. 몇 가지 개별적 분야에서 들인 노력이 거둔 성공에 그만 눈이 어두워져 경직되고 부주의했다가는, 자신을 과대평가하면서 우리 인간이 모든 걸 다 해낼 수 있고 지배할 수 있다고 잘못 상상한다면, 우리에게 저 컨트롤할 수 없는 스트레스가 생기는 것이다. 지속적인 불안과 절망, 무력감, 그에 수반되는 컨트롤할 수 없는 스트레스 때문에, 우리 안에 자리 잡고 있던 기존의 접속 모델이 점점 해체된다. 그러지 않고서야 어떻게, 지금까지 탄탄히 자리 잡고 있던 우리의 생각과 느낌과 행동의 궤도를 부수고 그보다 더 적합한 새로운 길을 찾아 나설 수 있겠는가?

병이 나기 위해 스트레스 반응을 필요로 하는 게 아니다. 우리 자신을 변화시키기 위해서 필요한 것이다. 주어진 이 기회를 제대로 사용하지 않을 때에만 우리는 병이 든다. 삶이 던져 주는 도전을 피할 때에만. 우리가 항상 똑같은 도전만 찾아다닐 경우에도 마찬가지다. 자신에게 불안을 느끼도록 허락하지 않고 자신의 무력감을 인정하지 않으려는 것은, 불안과 무력감을 이겨 내기 위한 새로운 길을 찾을 능력이 없다는 말이 된다. 어느 개인, 또는 이 개인들이 협동해서 만든 공동체, 또는 어느 사회를 막론하고, 이 사실은 공히 해당된다.

몇 년 전, 르네상스 시대 어느 철학자의 말을 인용한 걸 본 일이 있다. 그때 한번 읽은 후로 영 잊히지 않는 그 말은 '*Naturae enim non imperatur, nisi parendo*(자연에 우리의 명령이 통하는 건 우리가 자연에 복종할 때뿐)' (베이컨Bacon, 『노붐오르가눔*Novum Organum*』) 이었다. 이 말의 뜻이 이제야 내게 분명해졌다. 곧 어떤 규칙성과 원리에 따라 생명체의 발전이 결정되는가를 우리가 알아낼 수 있어야, 이 발전 방향을 우리가 원하는 쪽으로 돌릴 수 있다는 것이다. 빗나갈 것이 예상될 경우 수정도 할 수 있다. 그러려면 왜 불안이 생기고, 인간이 무엇을 두려워하는지, 불안할 때 무슨 일이 일어나는지를 이해해야 한다. 그런 다음에야 적합한 탈출구를 찾아낼 수 있다. 아무것도 모르는 아이처럼 부모가 앞에서 걸어간 길이나 부모가 정해 주는 길을 무턱대고 따라가다가 막다른 골목에 부딪칠 필요는 없다.

그렇다고 사방에서 우리에게 쏟아지는 충고와 경고, 선의의 제안을 무조건 다 새겨들을 일도 아니다. 자기들은 두꺼운 안경을 끼고 있기 때문에 특히 시력이 좋다고 꽉 믿는 사람들이 퍼부어대는 충고라면 특히 그렇다. 그들이 우리를 이끌어 가려는 궁극적인 방향이 옳은가만 점검하면 그만이다. 불안이, 컨트롤할 수 있는 도전과 컨트롤할 수 없는 부담이 우리의 생각과 느낌을 결정하리라는 걸 우리가 안다면, 그들의 충고가 우리의 소망과 일치하는지를 미리 물어볼 필요가 있다. 또 그들의 충고가 우리를 막다른 골목으로 데려다 놓는 건 아닌지도 따져 봐야 한다.

글쎄 다 좋은 얘긴데, 하고 이제쯤 당신은 묻고 싶을 것이다. 그 훌륭한 지식이 다 무슨 소용이란 말인가? 그 많은 개인이—그리고 그들이 구성하는 사회의 발달도 여기 당연히 함께 이야기되는데—지금껏 쌓아 온 게 그동안 방향을 너무나 많이 틀어 버려, 이젠 코스를 살짝만 변경해도 어떤 결과가 나올지 도저히 예상하기 어려운 실정인데, 하고 말이다. 그런데 정말 그럴까? 우리 선조들은 창칼을 예리하게 갈고 부와 권력과 지식을 쌓아 올리는데 많은 시간을 소비했다. 그러는 과정에서 어쩔 수 없이, 이전보다 꽉 짜이고 복잡다단한 사회적 관계 체계가 생성되었다. 이런 체계가 어느 날 갑자기 카드로 만든 집처럼 우수수 무너지는 일은 없다. 아주 천천히, 목표에 정확히 접근하면서 변화할 뿐이다. 이 시스템이 경직될 수도 있는 바로 그 지점에서 점점 많은 사람이 시스템을 포기하고 새로운 길로 접어들 때 이러한 변화가 가능해진다. 줄리안 헉슬리J. Huxley가 "진화를 거듭하여 마침내 자기 자신을 의식하게 된 존재, 그것이 인간이다"라고 했을 때, 그는 아마 이런 생각이었으리라.

여기서 한 사람, 저기서 또 한 사람, 누군가가 멜로디를 흥얼거리기 시작한다. 멜로디는 산을 타고 물을 건너 멀리멀리 퍼져나간다. 사람들이 멜로디를 다시 알아듣는다. 너도, 나도, 우리 모두가 알아듣는다. 태곳적부터 내려오는 노래, 인류가 지상에 생겨난 이래 개개인이 쉼 없이 부르고 또 불러왔던 노래. 그것은 바로, 우리의 생각과 느낌, 행동을 불안의 질곡에서 해방시키는 노래다.

이제, 언덕을 내려갈 시간이 된 것 같다. 당신이 가는 길 내내, 확신과 사려 깊음이 함께하길 바란다.

안녕히!

겁

뇌생물학자 휘터가 얘기하는 '스트레스의 참얼굴'

이 특별한 느낌을 모르는 사람이 있을까? 한 걸음도 더 나아갈 수 없이 막막한 상황에 맞닥뜨릴 때마다 항상 맛보곤 했던 느낌. 반드시 통과해야 할 어려운 시험을 코앞에 두고 있을 때, 사장이 해고하겠다고 으름장을 놓는 날, 사랑하는 사람이 떠나거나, 실현 불가능한 일을 기대하고 소망할 때……, 이럴 때 드는 기분 말이다. 마치 뱃속 저 깊은 곳에서 솟아나 머리카락 한 올 한 올에까지 스며드는 듯한 이 절절함. 한번 시작되었다 하면 심장이 여지없이 두근거리고, 귓속에선 맥박이 뚝딱거리며 울린다. 진땀으로 끈적거리는 손바닥. 게다가 화장실 출입은 왜 그리도 잦아지는지. 기분이 나빠지면서 한없이 무력감에 빠진다. 혼자 버림받은 듯 어쩔 줄 모르는 이 기분. 바로 불안이다.

불안은 그에 수반되는 온갖 증상이 뒤범벅된 이런 특수한 형태로 우리에게 다가온다. 뭔가가 우리 안에서 울컥 일어나더니, 단숨에 몸 전체로 좍 퍼진다. 도저히 저항할 방법이 없다. 처음엔 그저, 바라지 않았던 어떤 일이 일어났다는 느낌밖에는 없다. 그런 후 한참이 지나서야 비로소 예기치 못한 이 일이 엄청난 기세와 폭으로 들이닥치는 걸 확실히 알게 된다. 그 순간 뇌 안에서 경고종이 딸랑거리기 시작한다. 우리는 필사적으로 해결책을 찾아 나선다. 지금 닥친 이 위협을 어떻게든 제거하여, 문제를 풀고 상황을 정리할 수 있어야 하는데! 수십억 개도 넘는 신경세포들 사이를 어떻게 접속해야 그게 가능해질까? 문제 해결 능력이 있는 새로운 행동 양식을 유도하는 전략으로서 이제 새 접속이 요구된다. 접속을 발견하여 가동시켜야 한다. 그것을 찾아내기만 하면 경고종 울림은 즉시 잦아들 것이다. 우리는 나름대로 현재 이 상황에 적합하다고 여기는 일을 여러 모로 시행해 본다. 그리고 그중 어느 하나가 적절한 대응책으로 판명되는 순간, 귀청을 찢던 경고종 소리는 일시에 그쳐 버린다. 휴우, 이젠 안심이다. 천만다행이지 뭐야!

— 본문 57~58쪽에서

잠시 숨을 멈추고 방금 읽은 이 부분을 뚫어져라 다시 한 번 정독해 본다. 이거 생물학 교수가 쓴 책 맞아?

수필처럼, 노래처럼 거침없이 흘러가는 문장의 맥. 무엇보다도, 우리 뇌 속에서 일어나는 스트레스 현상을 이렇게 선명하게 우화적으로 그려내다니! 반가움과 호기심이 그날, 오늘처럼 대림절 기간이었던 3년 전 어느 흐린 오후, 책의 반 이상을 단숨에 읽게 했다. '배꼽'(괴팅겐 시내 중앙에 있는 사거리를 이렇게 부른다)에 자리 잡은 3층짜리 서점 '도이어를리히'에서의 일이다.

스트레스(정확히 말하면 '스트레스 반응'이 될 것이다)는 심리학과 의학의 단골 연구 대상이다. 건강과 생명을 위협하는 이 현상은 개인, 국가, 무엇보다도 보험회사의 경제적 손익에 결정적 역할을 하므로, 연구의 초점은 주로 예방과 해소책으로 모아진다. 뇌 연구는 어떤가? 뇌 안에서 시냅스와 뉴런 접속이 끊임없이 '안정-해체-재구성'된다는 이른바 '경험의존적 가소성'은 생물학이나 의학계에서는 이미 상식으로 통한다. 인지심리학과 교육 분야에서 감정에 관한 연구도 꽤 많이 진행되어, 감정 지수(EQ)는 비전문가에게도 친숙한 말로 자리 잡은 지 오래다. 이미 다양한 각도에서 체계적인 연구가 상당히 이루어졌다.

이 책은 '스트레스와 감정의 상호 관계'를 주제로 다루고 있는데, 기존의 연구 성과 위에서 뇌생물학의 최신 학술 정보를 우리 일상생활과 결부시켜 설명한 점이 신선하다. 신뢰, 믿음, 사랑, 나아가 의존성과 증오, 공격성까지 두루 포함하는 감정의 스펙트럼이 바로 뇌 안의 신경 접속을 통해 형성된다는 사실은 무엇을 뜻하는가? 스트레스 반응이 뇌 안에서 일으키는 생물학적 변화, 다시 말해 위기에 처한 개인이 이를 극복하려 애쓰는 과정이 뇌 안에서 어떻게 신경 접속으로 자리 잡아 가는가를, 뇌생물학자이자 정신병리학자인 게랄트 휘터는 섬세한 필치로 생생하게 그리고 있다. 스트레스로 생긴 불안이 우리의 정서적 성숙에 기여한다는 것이 바로, 휘터의 '뇌에서 이루어지는 인성 발달론'이다. 지금까지 기피 대상으로만 알려졌던 괴물 '스트레스'가 바야흐로 명예 회복을 하는 참이다.

또한 뇌신경의 접속과 해체가 자기 신뢰나 새로운 인생관 형성에 영향을 준다는 뇌생물학의 최신 연구 결과는 물질과 정신세계를 직접 연결하는 통찰이라는 점에서 매우 주목된다. 흔히 말하는 '마음', 머리와 몸 사이 어딘가에 자리 잡고 있을 것으로 여겨지던 고대부터 끊임없이 철학자들의 관심을 끌어왔던 이 '마음'을 자리매김하는 데 적잖이 기여할 새로운 시각이다.

이 옮긴이 후기의 제목을 '겁'이라고 단 이유를 잠깐 설명해야 할 것 같다.

번역을 시작하던 당시, 나는 이 책을 '불안의 생물학'이라고 출판사에 소개했다. 독일어 원서의 제목인 'Biologie der Angst'를 그대로 옮겨서. 2005년 초 번역을 끝냈을 땐 책이 금방 출간

될 것 같았다. 그러나 그 후 거의 두 해 동안 우여곡절을 겪다가, 얼마 전에야 겨우 일이 어느 정도 궤도에 올랐다. 오랜만에 다시 원고를 꺼내 읽어 보니 감회가 새로웠다. 처음 책을 만났을 때의 감동을 다시 느끼며 교정을 보다가, 문득 '불안'과 '공포'의 정의와 그 둘을 나누는 기준이 떠올라 곰곰 생각에 잠기게 되었다. 일반적으로 '구체적인 대상이 있을 때는 공포, 구체적 대상이 없는데도 왠지 두려울 때는 불안'으로 범주를 나눈다. 그렇다면 이 글의 맨 앞에 인용한 흥분 상황은 과연 어느 쪽에 가까울까? 원인이 된 문제의 사건은 있지만, 공포라고 부르기에는 좀 과장된 감이 있다. 저자는 이 개념을 어떻게 정의했는지 기억을 되살려 보기로 했다.

> 불안을 생물학적 맥락에서 파악할 때, 그 개념의 폭이 다른 분야, 예를 들어 감정 연구 같은 분야보다 훨씬 넓다. 개개의 심인성 스트레스 반응에서 우선적으로 일어나는 감정을 표시하는 이 개념은……
>
> — 본문 53쪽에서

'스트레스 반응에서 일어나는 감정'이라고 되어 있다. 놀랐을 때, 해결하기 어려운 문제에 부딪혔을 때 우리의 느낌은 어떤가?

두려움. 그래, 두려움이다. 두려울 때 우리에게 일어나는 변화를 묘사하는 우리말 표현은 비교적 풍부한 편이다.

떨리다, 소름이 오싹 돋다, 등골(간담)이 서늘하다, 가슴이 두방망이질을 치다, 아찔하다, 신경이 곤두서다, 초조하다, 이가 딱딱 마주친다, 숨이 멎는 듯하다, 머리가 쪼개질 것 같다 등.

즉석에서 일어나는 단기적 느낌이 이런 말 속에 들어 있다. 사태가 시간이 흘러도 해결되지 않을 경우, 두려움은 좌절감과 무기력증으로 변화하여 개인의 내면에 가라앉는다.

속수무책이다, 손 하나 까딱할 수 없다, 가슴이 먹먹하다, 좌불안석이다, 눈앞이 캄캄(막막)하다, 무슨 일이 날 것 같다, 긴장되다, 생각만 하면 머릿속이 아득해진다 등.

얼핏 우울증과 비슷해 보이는 이런 표현 역시, 실은 그 앞의 묘사와 마찬가지로 두려움의 또 다른 모습일 뿐이다. 이 모든 느낌을 두루 아우르는 우리말엔 어떤 것이 있을까? 놀람, 떨림, 막막함, 초조함, 얼어 버림……. 이런 상태일 때 어떻다고 하는가? 이 질문에 대한 답으로 떠오른 것이 바로 '겁'이었다. '겁난다', '겁먹었다'고 하는 말에는 현재 겪고 있는 일에서 받은 충격 외에도, 앞으로 올 일에 대한 막연한 두려움, 과거의 나쁜 경험을 완전히 해결하지 못했다는 자기 불신이 뭉뚱그려져 들어 있다. 아울러 겁이라고 할 때는 두려움이라고 할 때보다 느낌의 주체가 훨씬 선명하게 부각된다는 장점도 있다. 불안/공포의 도식을 살짝 빗겨 가면서 스트레스 반응을 종합적으로 생생히 그려낼 수 있는 말에, 아무래도 이 '겁' 만 한 것이 없겠다 싶었다.

그림 형제의 동화집에는 겁이라곤 전혀 모르는 청년의 이야기가 있다. '두려움을 배우러 집을 떠난 청년' 이라는 제목인데, 어떤 경우에도—심지어 유령이 들끓는 성에서 혼자 사흘 밤을 지새우면서도—전혀 겁을 먹지 않는 통에 오히려 상대(유령들이다!)를 골탕 먹여 도망가게 한다. 동화의 일반 공식대로, 마법에 걸린 성을 원상태로 돌린 이 청년이 나중에 공주를 아내로 맞아 나라의 반을 차지하는 건 물론이다.

"흠, 정말 신경줄도 굵구나. 비슷한 사람이 현실에도 있을까?"

컴퓨터 앞에 앉아 있는 아들 녀석 눈을 좀 돌리게 할 요량으로 실없는 소리를 흘렸다. 그랬더니 어쩐 일인지 재깍 반응이 온다.

"그거야 당연하지, 엄마. 많이들 그럴걸. 일단 준비가 다 되어 있고 자기가 그 일에 성공할 거라는 확신이 있으면 겁날 게 없지. 이야기 속의 그 청년, 힘이 엄청 세잖아. 그 힘을 갖고 자기 식으로 밀어붙여서 실패한 적이 한 번도 없었으니, 뭐가 무섭겠어. 준비를 못했거나 어차피 해봤자 내 힘으론 안 된다, 그런 경험을 한 사람만 두려움을 아는 거지 뭐."

이제 청소년기를 막 벗어나려는 아들의 표정이 자못 심각하다. 아하, 지금 자기가 얼마나 힘든지를 엄마에게 호소하고 있구나. 동화 속의 그(내가 생각하기에는) 신경 무딘 청년마저 잠시 부럽게 느껴질 만큼. 흠…….

"우리 차 한잔 마시고 산책 나가자."

찻물을 끓이면서 아들에게 한마디 더 보탠다.

"이건 여담인데, 난 그렇게 신경줄 굵은 사람, 무시무시할 것 같다. 아무리 성공하면 뭐해? 뉴런 접속이 형편없을 텐데."

인간의 뇌, 뇌의 내부 구조가 평생에 걸쳐 변할 수 있다는 건 반가운 소식이다. 더구나 그 변화가 우리의 새로운 경험을 통해서 일어날 수 있다니. 최근 들어 더욱 활발해진 뇌 연구 덕분에, 뇌 구조의 변화는 우리가 경험하는 사건에 대한 우리의 느낌과 연관되어 있다는 사실이 널리 알려졌다.

그러나 여기서 간과하지 말아야 할 조건이 하나 있다. '우리가 불안을 느낄 때에만' 이라고 저자는 말한다. '인간의 뇌가 성장하려면 강렬한 정서적 체험을 해야' 한다는 것이다(2002년 3월, 자유베를린방송에서 이 책에 대한 특집 프로그램이 있었다. 그 방송 중에 나온 한 구절이다). 지금까지 사용해 왔던 위기 대응책이 새로 닥친 문제에 더는 도움이 되지 않을 때, 어쩔 줄 모르는 불안 상태에서 기존의 뇌 접속이 서서히 풀린다. 새 접속이 탄생할 여지가 마련되는 것이다. 이때 자기 자신의 힘으로 마침내—온갖 필사적인 모색 끝에—문제를 해결해 내면, 자기 확신과 기쁨의 감정이 솟으면서 이때 사용된 신경 접속이 안정화되어 간다. 누군가의 도움으로 그 문제를 해결했을 경우, 이 경험은 자기 신뢰감으로 발전하면서 자신이 사랑받고 있다고 느낀다. 태어난 지 얼마 되지 않은 아기의 성장 과정을 이러한 관점에서 해석한 저자의 글이 옮긴이에게 매우 인상적이었기에, 좀 길지만 아래 인용해 보겠다.

우리 뇌 안에 형성되었거나 아니면 처음부터 유전적으로 자리 잡고 있던 수많은 접속 중 어느 것을 끌어내 사용하여 불안을 이겨 내는 데 성공할 때마다, 불안이 사라지는 데서 우리는 큰 보람과 기쁨을 느낀다. 칭찬과 함께 남들이 우리를 품에 안아 주고 입 맞춰 주며 쓰다듬어 주면, 우리는 출생과 함께 잃어버렸던 따사로움과 보호받는 느낌의 한 조각을 되찾는 기분을 맛보게 된다. 나중에는 꼭 그런 게 아니더라도 칭찬 한마디, 사랑에 찬 눈길 하나, 어머니의 친절한 미소 한번도 우리에게 앞으로 살아가는 내내 충분히 그런 보호감을 되돌려 주고 용기를 주게 된다.

(중략)

컨트롤할 수 있는 스트레스 때문에 우리의 뇌 속에서 활성화되는 노르아드레날린 제어 시스템은, 출생 직후 2~3년간 신체 각 부분의 움직임을 조합하는 접속과 보호받는 느낌의 접속을 구축한다. 또한 외부의 자극을 처리하는 능력과 지각 능력 역시 이 시스템 덕분에 점점 정선되고 안정된다. 우리의 행동이 어머니에게, 또 그간 숫자가 상당히 늘어난 주변 관계자들에게 어떤 반응을 불러일으키는지를 우리는 점점 더 잘 인식하게 된다. 타인의 사랑과 나의 안전감을 확보하기 위해서는 어떻게 해야 하는지도, 시간이 감에 따라 더욱더 잘 알게 된다. 그리하여 언젠가는 드디어 그저 미소 한번 짓거나 다정하게 쓰다듬거나, 상냥한 말 한마디에 타인의 마음을 얻게 되는 것이다. 우리 자신의 행동을 통해 타인이 우리를 사랑하도록 만들 수 있게 된다는 말이다.

우리에게는 우리가 원하면 언제라도 그럴 수 있는 힘이 있었다. 정말 위험이 코앞에 닥치지 않았는데도, 지금 당장 불안과 압박에 몰려 있는 상황이 아니라도 말이다. 그렇기는 하지만 만약 이런 장치를 별로 절실하지도 않을 때 심상하게 작동시켰다면, 이 능력과 관계된 신경 접속은 우리 뇌 안에 자리 잡지 못했을 것이다. 이런 접속이란 게 본디, 처음부터 당연히 존재하는 것이 아니라, 우리가 불안을 느껴 그것을 사용할 때 비로소 생겨나기 때문이다. 우리가 사랑스럽게 미소를 띠고 다정하게 쓰다듬을 때엔 괜히 그런 것이 아니었다. 다른 사람이 몹시 괴로워한다는 것, 엄마나 아빠가 수심에 차 있다는 것,

부모가 불안에 차 있다는 걸 느껴서 그랬던 것이다. 이렇게 보내는 우리의 웃음에 상대방이 응답해 줄 때마다, 그들과 동병상련하느라 우리 마음에 드리워졌던 불안도 함께 깨끗이 사라져 버리곤 했다. 그리고 이에 해당하는 접속이 우리의 뇌 속에 그만큼 더 깊이 자리 잡게 된 것이다. 그 결과 우리 마음속에 남는 것은 다른 사람에게 불안을 이겨 낼 수 있게 하는 뭔가를 줄 수 있다는 느낌, 남에게 헌신할 수 있다는 느낌이다. 이때 우리는 비로소 깨닫는다. 남을 사랑한다는 것이 과연 무엇인가를.

— 본문 158 ~160쪽에서

비단 인생의 크고 작은 위기에 부딪혀 방향을 모색할 때만이 아니다. 무언가 새로운 것, 지금까지 할 줄 몰랐던 낯선 것을 배울 때도 우리는 역시 긴장한다. 접속이 새로 생겨날 조건이 무르익은 것이다.

그리하여 처음에는 우리에게 굉장히 겁을 주던 일, 이를테면 자동차를 처음 운전하여 시내를 통과하는 일 같은 것이, 두 번째만 되어도 벌써 심장이 훨씬 덜 두근거리고 진땀도 덜 나게 된다. 그리고 횟수가 거듭되면서 언젠가는 전혀 힘들거나 불안하지 않게, 거의 습관적으로 할 수 있게 된다. 만약 노르아드레날린 시스템이 없다면 가슴이 두근거리거나 손에 진땀이 배는 일도 없을 것이다. 하지만 그 대신 우리는 아직까지도 여전히 초보자로서 이리저리 헤매며 차를 운전하고 있으리라.

우리가 새로운 것을 아주 빨리, 그것도 기억으로 저장되도록 배우는 것은, 이 특별한 노르아드레날린 시스템이 뇌 안에서 작동하여 우리를 완전히 흔들어 깨워 주어야 가능하다. 그래야만 비로소 문제를 성공적으로 해결하고 불안을 잘 처리할 수 있도록 짜 맞추어진 접속이 마련될 수 있기 때문이다. 우리를 직접 건드리지 않는 것, 다시 말해 컨트롤할 수 있는 스트레스 반응을 눈곱만치도 일으키지 않는 것을 뇌로 받아들이는 일은 거의 없다. 아주 애를 써야 겨우 뇌로 들어올까 말까 할 정도다. 그것도 지속적으로 반복해서 일어나지 않으면 순식간에 사라져 버리지만.

— 본문 114~115쪽에서

스트레스를 느낀다는 것은 문자 그대로 부담스런 일이다. 그러나 살아 있다는 것은 변화하는 일이고, 변화하기 위해서는 불안을 느껴서 호르몬의 운행이 바뀌어야 한다. 그렇게 보면 스트레스는 삶의 전제 조건인지도 모르겠다. 일반적으로 얘기하듯 '어차피 완전히 피할 수는 없는 현상이니까' 라서가 아니라, 이 책을 읽고 알게 된 대로 '우리를 살아 있도록 하니까' 말이다. 인간의 뇌와 가장 닮은 컴퓨터를 비교한 다음 부분을 놓고 생각해 보면, 이 점은 더욱 분명해진다.

지금까지 썼던 전략으로는 도저히 한 걸음도 더 나아갈 수 없다는 것을 알게 되는 순간, 우리의 뇌는 즉시 기존의 너무 깊이 박힌 접속을 해체하는 기제를 작동시키기 시작한다. 그리하여 우리는 어쩔 수 없이, 아주 다른 곳에서 모든 것을 다시 한 번 새로 시작해야 하는 처지가 된다. 가능하다면 아예 새로 배우기도 해야 한다. 바로 이 지점에서, 아무리 속도가 빠르고 고도의 능력이 있다 해도—장담하건대—컴퓨터란 컴퓨터는 전부 망가지고 만다. 예외가 있다면 단 한 경우, 즉 자기 프로그램에 문제가 있음을 컴퓨터가 스스로 알아채고 이른바 불안을 느낀다면, 그래서 스트레스 반응이 내부에 일어난다면 문제는 다르다.

— 본문 142~143쪽에서

불안을 느끼는 것은 인간의 능력이자 특권이다. 이 특권을 녹슬게 해서는 안 된다. 우리 선조들은 변화하는 조건에 이 능력을 사용해서 종족의 생명을 이어올 수 있었다. 불안은 위험을, 변화가 필요함을 말해 주는 경고 사이렌이다. 그러나 잠들어 있는 동안에는 이 사이렌이 들리지 않는다. 스트레스를 매개로 하여 뇌 연구에서 감정의 생성 과정으로 관심을 돌렸던 저자는, 이제 우리가 살고 있는 사회로 눈을 돌려 다음과 같은 소망을 편다.

> 되도록 많은 사람의 뇌 안에 고속도로 대신 곁길이 다양하게 난 작은 길이 많이 생겨나려면 서로 남의 꿈에 귀 기울이면서, 손잡고 함께 나아갈 길을 찾을 만큼 자유로워지려면, 우리 모두 정신이 맑게 깨어 있어야 한다. 컴퓨터에게 하듯 남이 자기에게 프로그램을 넣어 작동시키도록 허락해서는 안 된다. 주변에서 어떤 일이 벌어지는지를 항상 알고 있어야 한다. 자신이 살고 있고 또 자신의 생존을 의존하고 있는 주변 환경의 조건이 변화하기 시작할 때 이를 되도록 일찍 알아차릴 수 있도록 극도로 민감한 안테나를 가지고 있어야 한다. 그리고 그러한 변화가 감지되자마자 뇌에서 경고종이 울려야 한다.
>
> — 본문 144~145쪽에서

겁이 없는 동화 속의 그 청년은 경고종을 들은 적이 있을까?

……

겁을 배우되 겁먹지 않고, 겁을 알되 겁내지 않으며 앞으로 나아가고 싶다.

2006년 대림 첫 주에 괴팅겐에서

장현숙

스트레스가 좋은 것인지 나쁜 것인지는 스트레스 자체에 달린 일이 아닙니다

(1999년 겨울 학기의 시작에 맞춰 괴팅겐 대학 잡지사 기자가 휘터 교수를 인터뷰한 적이 있다. 스트레스에 관한 이모저모를 뇌 전문가에게 들어보겠다는 기획이었다. 당시의 대담 내용 중 이 책과 관련된 부분을 발췌하여 아래 싣는다.)

기자_ 스트레스를 받을 때 뇌 안에서 어떤 일이 일어나는지, 뇌 연구가로서 비전공인을 위해 설명해 주십시오.

휘터_ 우리는 새로운 것이나 예기치 못한 것, 또는 아주 위협적인 것에 맞닥뜨렸을 때 당장 무엇을 어떻게 해야 할지 몰라 난감할 때가 있죠. 그러면 뇌 안에서는, 지금까지 늘 써오던 처리 방법이 갑자기 통하지 않게 되면서 뇌가 당황하게 됩니다. 이 흥분 상태가 뇌의 맨 안쪽으로 전달되면, 뇌 안에 있던 심리 감정의 균형이 깨진 것이 감지되어 비상 사이렌이 울리기 시작합니다. 그 다음 일어나는 일은 개개인의 반응에 따라 달라집니다. 닥친 문제를 해결할 방법을 찾아낸 경우에는 스트레스 반응이 즉시 그칩니다. 그리고 그동안 분비되지 않고 남아 있던 전달체와 호르몬이 문제 해결에 동원되었던 신경세포들의 접속을 확실하게 다지는 데 기여하게 됩니다. 컨트롤할 수 있는 스트레스, 즉 새로운 도전이 오면 결과적으로 평상시보다 더 유익하게 사용되는 셈이죠. 하지만 해결책이 나오지 않으면 비상사태가 계속 유지되면서, 그때까지는 잘 사용했지만 이제는 쓸모없게 된 접속이 이 과정에서 점차 해체되어 갑니다.

기자_ 흔히 '좋은 스트레스'와 '나쁜 스트레스'가 있다고 하는데, 왜 그렇습니까?

휘터_ 그렇게 단순하게 구분할 일은 못 되는 것 같습니다. 우리에게는 새롭고 다양한 도전이 끊임없이 필요합니다. 그래야 우리의 생각과 느낌, 행동을 결정하는 신경세포의 접속이 최대한 복잡하게 형성, 확립되기 때문이죠. 언제나 똑같은 스트레스를 받고 늘 똑같은 접속으로 대답하는 사람은, 이를테면 '전문가 바보' 같은 유형이 된다고 볼 수 있습니다. 뇌 안에 있는 여러 길을 하나로 모아 고속도로를 만들어 버린 이런 사람들이 나중에 그 길에서 다시 빠져나오기란 참 지난한 일이죠.

기자_ 어떻게 해야 '나쁜' 스트레스인지 아닌지 알아볼 수 있을까요?

휘터_ 좋고 나쁨의 여부는 스트레스 자체에 달린 게 아닙니다. 당사자가 이 스트레스를 어떻게 다루느냐가 관건이죠. 언제나 똑같은 스트레스 상황을 자초해 놓고 똑같은 해법으로 반응하는 사람들이 있습니다. 비유하자면 이건, 마치 자기에게 꼭 필요하고 아마도 문제 해결에 도움이 될 충격을 피하려고 온갖 수단 방법을 다 동원하는 격이죠.

기자_ 스트레스 자체를 항상 피할 수만은 없을 거라고 생각됩니다. 그러나 스트레스에 대응하는 방식은 바꿀 수 있겠죠. 어떤 태도를 취해야 할지 말씀해 주십시오.

휘터_ 불안과 스트레스가 무엇을 위해 좋은 현상인지, 무엇 때문에 우리가 스트레스 반응을 하게 되는지를 이해한 사람이라면, 스트레스를 더는 두려워할 필요가 없습니다. 겁을 내는 대신, 이 반응이 우리에게 제공하는 기회, 즉 자신을 변화시킬 가능성을 잘 이용해야죠.

기자_ 교수님의 저서에 보면 '컨트롤할 수 있는 스트레스'라는 말이 나옵니다. 참 듣기가 좋은데요, 어떻게 하면 스트레스를 잘 통제하여 극복할 수 있습니까?

휘터_ 달팽이처럼 들어가 숨을 곳을 마련해 놓고 완전히 그 안으로 들어가 버리는 사람이 있습니다. 그렇게 세상에서 완전히 후퇴해 버리면 물론 직접 위협이야 받지 않겠죠. 또 어떤 사람은 아주 무지막지한 방법으로 일을 해결합니다. 권력과 재물을 휘두르거나 자기 자랑과 호언장담을 늘어놓으면서 말이죠. 사실 그렇게 하면 비교적 안전하게 살아갈 수가 있습니다. 그리고 이 두 유형과 비슷한 형태는 아주 많고 다양합니다. 그런데 지금 언급한 사람들은 모두 하나의 큰 결함을 가지고 살게 됩니다. 뭔가 하면, 그렇게 자기 좋은 대로 얽어 만든 세상에는 아무런 자극도, 도전도 없습니다. 자극원이 없다는 건 이 맥락에서 무슨 뜻이겠습니까? 뇌의 성장이 중지해 버린다는 말입니다.

기자_ 교수님의 여러 저서 중에 『스트레스가 감정으로 변해 가는 과정』(지금 독자 여러분이 읽고 있는 이 책의 본문—큰 글자로 된 내용—을 압축해서 괴팅겐 근교 사진들과 함께 실은 화보집이다. 화보집의 제목이 이 책의 소제목과 비슷해 혼동의 여지가 있기에, 여기 설명을 붙인다—옮긴이)이라는 책이 있습니다. 그 과정에 대해 살짝 귀띔해 주실 수 있으신지요?

휘터_ 어떤 사람이 아주 어려운 문제를 성공적으로 해결했을 때 경험하는 느낌이 바로 '컨트롤할 수 있는 스트레스 반응'입니다. 이 반응은 뇌 안에 이미 자리하고 있던 뇌신경 접속을 전부 확고히 하는 동시에, 문제 해결에 관여했던 새 접속을 서서히 궤도화해 갑니다. 뇌 안쪽 깊숙이 자리 잡고 있는 접속, 즉 우리에게 '너는 능력 있는 사람, 본래 아주 멋진 사람이야' 하는 느낌을 가지게 하는 접속도 이때 함께 움직입니다. 그렇게 해서 우리는 도전을 잘 극복해 낼 때마다 그만큼 더 확신을 가지게 되는 거죠. 그런 경험을 통해 자신감은 점점 커지고 불안은 점점 줄어듭니다. 그러다 보면 나중에는 아예 그런 '도전'을 스스로 찾아 나서기까지 합니다. 자기가 얼마나 '킹카'인지를 자꾸 증명해 보고 싶어서죠. 그리고 매번 그걸 이뤄 내면, 그보다 더 신나는 일이 어디 있겠습니까?

전문용어

각질화keratinization | 피부의 각질화.

감각돌기부somatosensory projection fields | 신체에서 받은 정보를 처리하는 대뇌피질부. → 대뇌피질

경험의존적 가소성experience dependent plasticity | 신경 접속이 개인의 경험에 따라 중추신경계에서 구조적, 기능적으로 각기 다른 양상을 보이면서 적응하는 현상. → 신경 가소성

고리모양아데노신1인산(c-AMP : cyclic adenosine monophosphate) | 고리모양 AMP, 사이클릭 AMP라고도 함. 세포 내 호르몬 작용 매개에 관여하는 물질. → 유전자 정보

교감신경-부신수질(SAM : sympathetic-adrenal-medullary) **시스템** | 교감신경 시스템과 부신수질로 구성된 신경 반응 시스템. 아드레날린과 노르아드레날린을 분비함. → 스트레스 반응

교감신경 시스템sympathetic nervous system | 자율신경계의 일부로, 부교감신경 시스템에 반대되는 기능을 함. → 중추신경계

교세포glia cell | 신경의 신진대사에도 관계함. → 신경 가소성

구심로 차단deafferentation | 중추신경계로 자극이 전달되는 과정에서 연

결이 신경 후근에서 중단되는 현상. → 신경 가소성

글루코코르티코이드glucocorticoid | 부신피질에서 분비되는 호르몬. 다양한 세포 기능(코르티솔)에 영향을 주며, 당질 대사에 관여함.
→ 신경 가소성

글루탐산염glutamate | 글루탐산의 소금. 중요한 신경 전달체임.
→ 세포 상호 통신

길들이기handling | 실험용 동물을 그가 익숙해진 환경에서 정기적으로 떼어 내는 일.

내피세포endothelial cell | 혈관, 림프관, 심장의 안벽을 덮는 조직.

노르아드레날린noradrenalin | 전달체이자 호르몬.
→ 세포 상호 통신, 신경 가소성

노르아드레날린 시스템noradrenergic system | 전달 시스템(뇌줄기에 있는 중추신경계, 말초신경계)으로서 노르아드레날린을 분비함.
→ 중추신경계, 스트레스 반응

뇌실곁핵paraventricaular nucleus | 중뇌의 중요한 핵심 영역.
→ 스트레스 반응

뇌하수체전엽anterior pituitary | 뇌하수체. → 스트레스 반응

뉴런neuron | 신경세포. 신경 시스템 중 독특한 전극성을 띠는 세포 유형. 세포 표면에 도착한 정보를 받아들여 전자 자극으로 변형시킨 후 다음 구조로 전달하는 능력이 있다. 대개 촘촘히 가지를 친

수상돌기를 여러 개 갖고 정보를 흡수하거나, 잔가지가 잔뜩 난 축색돌기를 이용해 이 정보를 투사 영역으로 전달한다. 축색돌기의 끝은 뭉툭하게 굵어져 있는데(전시냅스), 자극이 오면 바로 여기서 전달 물질(전도체)이 나와 시냅스의 틈 사이로 들어가게 된다. 이 전도체는 그 다음에 연결된 신경세포의 (후시냅스) 얇은 막에 있는 특수 단백질(수용기)과 결합한 후 거기서 경우에 따라 새로 자극을 일으키기도 한다.

대뇌피질cortex | 뇌의 표면을 덮고 있는 회색질의 얇은 층. 이 부분은 특히 인간이 발달되어 있는데, 무려 140억 개 정도의 신경세포가 있다. 이 세포들은 신피질 안에서 복합적 연합 그물망으로 결합된다(연합 피질, 전전두엽 대뇌피질). 신피질의 신경망은 고도의 통합적인 기능을 조정한다. 피질의 일정 부분은 신체에서 들어온 정보를 처리하는 일을 주로 담당한다(신체 감각의 투사 영역). 그 외에도 감각 인상(시청각 분야)을 전문적으로 처리하는 부분, 신체 운동을 조합하는 부분(운동 영역)이 있다. 대뇌세포 중에서 특별히 크고 돌기가 유난히 길게 뻗어 눈에 띄는 세포를 피라미드 세포라고 부른다.

도파민 시스템dopaminergic system | 전달 시스템. → 중추신경계

돌기projection | 상이한 뇌 영역 간의 신경 연결. → 뉴런, 대뇌피질

리간드ligand | 세포에서 방출되는 신호 물질. 다른 세포의 수용기와 결

합하여, 그 세포 안에서 특정한 반응을 일으킴. → 세포 상호 통신

모노아민 시스템monoaminergic system | 모노아민(노르아드레날린, 세로토닌, 도파민)을 신호 물질로서 분비하는 전달 시스템.

바소프레신vasopressin | 호르몬. → 스트레스 반응

변성degeneration | terminal-(말단 변성)/retrograde-(역행 변성), 한 신경세포 돌기와 다른 세포 간 접속 부분의 변성. → 신경 가소성

변연계limbic system | 뇌의 줄기 주변에 신경망이 띠 모양으로 모여 있는 부분. 뇌의 상하부 그물망과 모두 긴밀하게 연결되어 있다. 뇌의 양쪽 영역 모두에 병렬적으로 정보를 갖고 있으며, 거기서 진행되고 있는 일 처리 과정을 적응 쪽으로 유도한다. 감정의 생성(편도), 학습과 기억 능력(해마), 자율 기능(시상하부)에 중심적인 역할을 한다.

별아교세포astrocyte | 중추신경계 조직을 지지하는 별 모양의 세포. 신경세포의 신진대사에도 관여함. → 신경 가소성

부교감신경계parasympathetic nervous system | 성장 신경조직의 일부. 교감신경계의 견제 역할을 함. → 중추신경계

부신피질 시스템adrenocortical system | 뇌하수체에서 분비되는 호르몬이 부신피질 세포를 통해 코르티솔 분비를 자극하는 체계.
→ 스트레스 반응

부신피질자극호르몬(ACTH : adrenocorticotropic hormone) | 뇌하수체에서 나오

는 부신피질을 자극하는 호르몬. → 스트레스 반응

부신피질자극호르몬 방출 인자(CRF : corticotropin releasing factor) | 뇌하수체에서 ACTH의 분비를 촉진하고 부신피질의 활동을 조절하는 성분. → 스트레스 반응

불쾌 스트레스distress | 스트레스 반응이 '해로운 것'이라는 개념. '유쾌 스트레스'는 이와 반대로 스트레스 반응이 뭔가를 촉진하는 긍정적인 면을 강조.

사이토카인cytokine | 세포, 특히 면역 시스템에 관계하는 세포 간의 신호 소재. → 세포 상호 통신

성호르몬sexsteroid hormone | 생식선에서 만드는 신호 요소. → 세포 상호 통신

세로토닌serotonin | 전달 요소. → 중추신경계

세로토닌 시스템serotonergic system | 전달 시스템. → 중추신경계

세포 구축cytoarchitecture | 세포의 구조와 배열. → 신경 가소성

세포 상호 통신cell communication | 특정 신호 소재(매개체) 교부를 통해 세포끼리 영향을 주고받는 일. 이 신호 소재는 리간드로서 다른 세포의 특수 수용체와 결합, 자극에 대한 특수한 반응을 하도록 수용체를 움직인다(방아쇠를 당김). 시냅스의 신호를 전달하는(→ 뉴런) 매개체를 전달체라고 한다(세로토닌, 글루탐산염 같은 것이 그 예가 된다). 혈액과 함께 순환하면서 신체 구석구석으로

분배되는 신호 소재가 호르몬(예를 들면 테스토스테론이나 글루코코르티코이드, 코르티솔 같은 성스테로이드)이다. 한 세포에서 나와서 인접 세포 안에서 그 세포의 조직을 통해 확산되어 가는 이 신호 소재를 통틀어 뭐라고 부를지에 대해서는 아직 의견이 일치하지 않고 있다(조절자, 사이토카인, 프로스타글란딘, 향신경성 인자 등 여러 가지 제안이 있다). 적지 않은 신호 소재들이 전달체뿐 아니라 호르몬으로서, 그리고 조절자로 이용되고 있다(카테콜아민, 아드레날린, 노르아드레날린, 도파민 등).

소멸extinction | 이전 기억과 학습 내용의 망각 또는 삭제.

수상돌기dendrite | 신경세포의 돌기. 잔가지가 아주 많은 나무 모양일 때가 많음.

수용기receptor | 수용하는, 다시 말해 자극을 받아들이는 세포 조직.
→ 뉴런, 세포 상호 통신, 유전자 정보

스트레스 반응stress reaction | neuroendocrine-(신경내분비). 신체적, 심리적 부담에 대한 신체 기관의 비교적 특수화되지 않은 반응. 심리적 스트레스 요인(도전, 부담)에 대한 반응은 개인적 평가에 따라 달라진다. 일반적으로 대뇌피질, 변연계(대뇌피질 아랫부분) 부위에 있는 연합 그물망이 활성화되는 것으로 시작된다. 이 각성 반응의 결과, 중추신경계의 노르아드레날린(청반과 뇌줄기의 노르아드레날린 핵) 시스템뿐만 아니라 말초신경계의 노르아

드레날린 시스템(SAM 시스템, 교감신경 말단 부분과 부신수질에서 노르아드레날린과 아드레날린 분비 강화)이 움직이게 된다. 부담이 더 크고 지속적이 되어 컨트롤할 수 없다는 판단이 서면, 자극은 시상하부 핵심부(뇌실곁핵)까지 밀고 들어가서 CRF와 바소프레신을 방출한다. 이 두 방출 호르몬은 다시, 뇌하수체전엽을 자극하여 ACTH를 분비시킨다. 그러면 이번에는 ACTH가 부신피질 세포를 통해 글루코코르티코이드(인체에서는 이것이 코르티솔이 됨) 분비를 자극한다. 신경 자극으로 방아쇠가 당겨진 이러한 호르몬 반응 시스템을 HPA 시스템이라고 한다. SAM 시스템과 HPA 시스템을 단기간 동안 가동시키는 것을 유쾌 스트레스, HPA 시스템을 장기간 활성화시키는 것을 불쾌 스트레스라고 흔히 부르는데, 이는 오해를 불러일으키기 쉬운 명명법이다.

시냅스synapse | 신경세포들 사이에 있는 연결부. → 뉴런

시냅스 생성synapse genesis | 신경세포들 사이에 있는 연결부가 새로 형성되는 과정. → 신경 가소성

시상하부hypothalamus | 중뇌의 한 부분. → 변연계

시상하부-뇌하수체-부신피질(HPA : hypothalamic-pituitary-adrenal) **시스템** | 시상하부-뇌하수체-부신피질 시스템 신경에 발생한 호르몬 반응. 중뇌, 뇌하수체, 부신피질에 두루 관계됨.

신경 가소성neural plasticity | 뇌 발달이 종료된 다음 일어나는 신경 접속

의 변화를 총체적으로 부르는 말. 중추신경계에 자리 잡고 있던 신경 접속이 변화된 조건의 요구에 맞추어 구조와 기능을 바꾸면서 적응해 가는 현상이다. 그 범위는 실험을 통해 관찰할 수 있는 변화, 즉 국부 자극으로 발생하여 개별 시냅스로 신호가 전달되는 능률 변화에서부터(시냅스의 가소성) 전자현미경으로 관찰할 수 있는 시냅스 구조와 시냅스 접속 모형의 변화를 거쳐 신경망의 복합적 시냅스 접속 모형의 적응 수정과 재조직에까지 이른다. 광학현미경으로 관찰하면 이 현상은 신경세포 배열, 축색돌기, 수상돌기의 구조 변화에서도 확인되는데, 때에 따라서는 혈관 신생 과정에 변화가 일어날 수도 있다. 이렇게 일단 세포 증식을 마친 신경세포는 더는 분열하지 않는다. 그러나 이 세포의 돌기와 시냅스는 변성되거나(신경 말단 역행 변성) 새로 자라날(부수적 발육, 시냅스 생성) 수 있다. 특정한 뇌신경 정보를 상실하거나 장기간 사용하지 않고 방치해 둘 때(구심로 차단), 또는 호르몬이 막대한 변화를 일으킨 경우(예를 들어, 사춘기나 스트레스 반응 같은 경우)에 이러한 신경 가소성의 변화가 뚜렷해진다. 이 재구축 과정에서 교세포(이른바 껍질세포, 또는 버팀세포라고 한다. 많은 뇌 영역에서 신경세포보다 그 수가 더 많다)가 중요한 조절 기능을 담당하는 것으로 알려져 있다. 그중에서도 별 모양의 별아교세포는 자기를 둘러싸고 있는 신경세포의 '활동 조건'을 조절(영양 공급 보장, 적절 이온 환경 유지, 성장 요소, 이른바 향신경성 인자 분비)하는 데 결정적인 역할을 한다.

신경로neuronal pathway | 신경의 궤도, 신경세포들 사이의 연결.

신피질neocortex | 대뇌피질 중 비교적 나중에 생겨난 부분. → 대뇌피질

신호 물질mediator | 세포 간의 상호 통신에 기여하는 신호 물질.
→ 세포 상호 통신

아드레날린adrenalin | 부신수질에서 분비되는 호르몬. → 스트레스 반응

양수amniotic fluid | 척추동물의 임신 때 양막으로 싸인 자궁강을 채우는 액체.

연합 피질association cortey | 감각 정보 처리, 복합 감각 통합, 감각 운동 통합의 진보된 단계에 관여하는 대뇌피질의 넓은 구역.
→ 대뇌피질

음향화된 고통distress vocalizations | 스트레스를 받아 불안해진 어린 동물의 외침.

유발trigger | 발생 요인. → 세포 상호 통신

(신경) 유입 정보sensory entrances | 주변 신경 시스템을 통해 들어오는 정보. → 중추신경계

유전자 발현gene expression | 유전물질(DNA)의 특정 조각(유전자)이 실제로 세포에서 읽고 해당 단백질 분자로 '번역하는' 세포핵의 정보. 세포핵은 어느 특정한 신경세포 하나가 표현할 수 있는 것

보다 월등하게 많은 유전 정보를 가지고 있다. 유전자 정보가 변하면 해당 세포의 구조와 기능에도 근본적인 변화가 일어나는 경우가 많다. 이런 변화가 생기는 것은 세포 간의 상호 통신을 이어주는 전달체들 때문이다(→ 세포 상호 통신). 이 전달체들은 세포 표면에 있는 수용기를 움직여, 세포 사이에 신호 전달 체계가 끊임없이 진행되게 한다(c-AMP의 생산량이나 세포 간의 칼슘 함량을 높이는 등). 때에 따라서는 유전자 표현 차원에서 변화를 일으키기도 한다. 또 다른 매개체인 코르티솔은 글루코코르티코이드 수용기, 이른바 리간드-조종 전사 인자와 결합한다. 그 다음 세포핵 안으로 들어가는데, 조건이 맞을 경우 거기서 유전자 발현에 근본적인 변화를 일으키기도 한다.

유쾌 스트레스eustress | 스트레스 반응의 발병 영향 가능성을 나타내는 '불쾌 스트레스'라는 개념에 반대되는, '촉진적' 스트레스 반응이란 개념.

자궁 내intrauterine | 모태 안의, 출생 전의.

적응 수정adaptive modification | 복합적 시냅스 접속 모형의 적응. → 신경 가소성

적응 재조직adaptive reorganization | 신경망의 새 조직화. → 신경 가소성

전달체transmitter | 신경세포 간에 서로 통신이 가능하도록 하는 전달 요소. → 뉴런, 세포 상호 통신

전시냅스presynapse | 신경세포 사이의 연결부 앞쪽에 놓인 신경돌기 부위. → 뉴런

전전두엽 대뇌피질prefrontal cortex | 대뇌피질의 일부. → 대뇌피질

조정자modulator | 세포들 사이의 통신에 영향을 주는 신호 물질. → 세포 상호 통신

주산기perinatal | 출생 직전, 출생 중, 출생 직후의 출생, 분만을 둘러싼 시기.

중추신경계CNS | 뇌와 척추 골수. 주변 신경 시스템을 통해 전달되어 온 감각을 처리하여 부분적으로는 입력하고, 완성된 형태로 주변 신경 시스템을 거쳐 다시 표적 기관으로 옮겨 준다(교감신경, 부교감신경계). 도착된 정보를 처리하는 일, 결과를 이미 입력되어 있는 내용과 대조 비교하는 일은 국부 그물망에서 이루어진다. 이 신경망은 부분적으로 아주 긴밀하게 얽혀 있는데, 이른바 광대한 전달 시스템(예를 들면 모노아민, 곧 노르아드레날린 시스템, 세로토닌 시스템, 도파민 시스템, 펩티드 시스템 등)의 영향을 받아 그 활동이 변한다.

증식proliferation | 세포분열. → 신경 가소성

청반locus coeruleus | 중추신경계의 노르아드레날린 시스템의 핵심 영역. → 스트레스 반응

청소년기의juvenile | 말 그대로 청소년기를 말함.

축색돌기axon | 신경세포의 긴 돌기의 한가운데 부분. 자극 전달에서 가장 중요한 역할을 함. → 뉴런

카테콜아민catecholamine | 세포 상호 통신에 쓰이는 신호 물질(아드레날린, 노르아드레날린, 도파민), 전달체, 호르몬, 적응 유도체로서, 신경세포 내지 신체세포에 작용함. → 스트레스 반응

코르티솔cortisol | 신경세포와 신체세포에 다양하게 영향을 끼치는 부신피질의 글루코코르티코이드.
→ 스트레스 반응, 세포 상호 통신, 유전자 정보

테스토스테론testosterone | 성호르몬. → 세포 상호 통신

파충조류sauropsiden (or sauropsida) | 파충류와 조류, 그리고 이들의 공동 조상을 아우르는 총칭.

펩티드 시스템peptide system | 펩티드를 신호 요소로 분비하는 전달 체계.
→ 중추신경계

편도amygdala | 주로 공포와 불안감을 유발하는 뇌의 한 부분.
→ 변연계

풍족한 환경enriched environments | 특별히 풍요하고 변화도 다양하게 형성된 배양 조건.

프로스타글란딘prostaglandin | 여러 가지 종류로 구성된 호르몬 집단.
→ 세포 상호 통신

피라미드 세포pyramidal cell | 대뇌피질에 있는 특별히 큰 세포 유형.

→ 대뇌피질

해마hippocampus | 변연계의 반달형 뇌 구조. 학습 능력과 기억 능력을 위해 중요함.

향신경성 인자neurotrophic factor | 신경조직의 영양 공급 또는 유지에 관련된 인자. → 세포 상호 통신, 신경 가소성

후시냅스postsynapse | 신경세포 간의 연결부 중에서 뒷부분. → 뉴런

혈관 신생vascularization | 혈관 분포가 왕성하게 되는 과정.
→ 신경 가소성

참고문헌

· Abercrombie, E.D.; Jacobs, B.L. (1987): Single-unit response of noradrenergic neurons in the locus coeruleus of freely moving cats. I Acutely presented stressful and non-stressful stimuli. II Adaptation to chronically presented stressful stimuli. J. Neurosci. 7: 2837-2843 (I), 2844-2848 (II).

· Adell, A.; Garcia-Marquez, C.; Armario, A.; Gelpi, E. (1988): Chronic stress increases serotonin and noradrenaline in rat brain and sensitises their responses to a further acute stress. J. Neurochem. 50: 1678-1681.

· Akana, S.F.; Cascio, C.S.; K. Du, J.Z.; Levin, N.; Dallman, M. F. (1986): Reset of feedback in the adrenocortical system: an apparent shift in sensitivity of adrenocorticotropin to inhibition by corticosterone between morning and evening. Endocrinology 119: 2325-2332.

· Anisman, H.; Irwin, J.; Bowers, W; u.a. (1987): Variations of norepinephrine concentrations following chronic stressor application. Pharmacol. Biochem. Behav. 26: 639-659.

· Aston-Jones, G. (1986): Behavioral functions of locus coeruleus derived from cellular attributes. Physiol. Psychol. 13: 118-126.

· Bohus, B.; DeWied, D. (1980): Pituitary-adrenal system hormones and adaptive behavior. In: Jones, I.C.; Henderson, I.W. (Hg.), General, Comparative and Clinical Endocrinology of the Adrenal Cortex. London, S. 265-278.

· Boyeson, M.G.; Krobert, K.A. (1992): Cerebellar norepinephrine infusions facilitate recovery after sensorimotor cortex injury. Brain Res. Bull.

29: 435-439.
· Bryan, R.M. jr. (1990): Cerebral blood flow and energy metabolism during stress. Am. J. Physiol. 259: H269-H280.
· Buda, M.; Lachuer, J.; Devauges, V.; u.a. (1994): Central noradrenergic reactivity to stress in Maudsley rat strains. Neurosci. Lett. 167: 33-36.
· Cannon, W.B. (1914)l: The interrelations of emotions as suggested by recent physiological researchers. Am. J. Physiol. 25: 256-282.
· Cannon, W.B. (1932): The wisdom of the body. New York.
· Clarke, AS. (1993); Social rearing effects on HPA axis activity over early development and in response to stress in Rhesus monkeys. Dev. Psychobiol. 26: 433-446.
· Coe, Ch.L.; Levine, S. (1981): Normal responses to mother-infant separation in nonhuman primates. In: Klein, D.F.; Rabkin, J.G. (Hg.), Anxiety: New Research and Changing Concepts. New York, S. 155-177.
· Cole, B.J.; Robbins, T.W. (1992): Forebrain norepinephrine: Role in controlled information processing in the rat. Neuropsychopharmaco-logy 7: 129-141.
· De Chardin, P.T. (1959): Der Mensch im Kosmos. München.
· DeKloet, E.R.; Sybesma, H.; Reul, H. (1986): Selective control by corticosterone of serotonin receptor capacity in raphe-hippocampal system. Neuroendocrinology 42: 513-521.
· Eiring, A.; Hal Manier, D.; Bieck, P.R.; Mowells, R.D.; Sulser, F.(1992): The serotonin/norepinephrine link beyond the β-adrenoceptor. Mol. Brain Res. 16: 211-214.
· Eisenberg, L. (1995): The social construction of the human brain. Am. J. Psychiatry 152: 1563-1575.
· Everitt, B.J.; Robbins, T.W.; Askin, M.; Tray, P.J. (1983): The

effects of lesions to ascending noradrenergic neurons on discrimination learning and performance in the rat. Neuroscience 10: 397-410.

· Feeney, D.M.; Sutton, R.L. (1987): Pharmacotherapy for recovery of function after brain injury. CRC. Crit. Rev. Neurobiol. 3: 135-197.

· Foot, S.L.; Bloom, F.E.; Aston-Jones, G. (1983): Nucleus locus coeruleus: New evidence for anatomical and physiological specificity. Physiol. Rev. 63: 844-914.

· Freud, S. (1895): Entwurf einer Psychologie. In: Aus den Anfängen der Psychoanalyse. London 1950, S. 378-466.

· Freud S. (1960): Das Unbehagen in der Kultur. In: Ges. Werke, Band 14. Frankfurt a.M., S. 419-506.

· Fromm, E. (1979): Die Kunst des Liebens. Frankfurt a.M./Berlin/Wien.

· Fuchs, E.; Uno, H.; Flügge, G. (1995): Chronic psychosocial stress induces morphological alterations in hippocampal pyramidal neurons of tree shrew. Brain Res. 673: 275-282.

· Furukawa, Y.; Tomioka, N.; Sato, W.; Satoyoshi, E.; Hayashi, K.; Furukawa, S. (1989): Catecholamines increase nerve growth-factor messenger RNA content in both mouse astroglial cells and fibroblast cells. FEBS Lett. 47: 463-467.

· Gordon, B.; Allen, E.E.; Prombley, P.Q.(1988): The role of norepinephrine in plasticity of visual cortex. Prog. Neurobiol. 30: 171-191.

· Greenough, W.T.; Bailey, C. (1988): The anatomy of a memory: convergence of results across a diversity of tests. Trends Neurol. Sci. 11: 142-147.

· Hüther, G. (1996): The central adaptation syndrome: Psychosocial stress as a trigger for the adaptive modification of brain structure and brain function. Progress in Neurobiology, 48: 569-612.

· Hüther, G.; Doering, S.; Rüger; U.; Rüther, E. und Schüßler, G. (1996): Psychische Belastungen und neuronale Plastizität. Zeitschrift für psychosomatische Medizin, 42: 107-127.
· Jacobs, B.L.; Abercrombie, K.E.D.; Fornal, C.A.; Levine, E.S.; Morilak, D.A.; Stafford, I.L. (1991): Single-unit and physiological analyses of brain norepinephrine function in behaving animals. Progr. Brain Res. 88: 159-165.
· Kasamatsu, T.A. (1991): Adrenergic regulation of visuocortical plasticity. A role of the locus coeruleus system. Progr. Brain Res. 88: 599-611.
· Kirsch, J.; Hyland, M.E. (1987): How thoughts affect the body: A metatheoretical framework. J. Mind Behav. 8: 417-34.
· Kraemer, G.W. (1992): A psychobiological theory of attachment. Behav. Brain Sci. 15: 493-511.
· Lachuer, J.; Buda, M.; Tappaz, M. (1992): Lack of glucocorticoids enhances the early activation of the medullary catecholaminergic cell groups triggered by restraint stresses. J. Neuroendocrinol 53: 589-596.
· Lachuer, J.; Gaillet, S.; Barbagli, B; Buda, M.; Tappaz, M. (1991): Differential early time course activation of the brain stem catecholaminergic groups in response to various stress. Neuroendocrinology 53: 589-596.
· Lazarus, R.S. (1966): Psychological stress and the coping process New York.
· Lazarus, R.S.; Folkman, S. (1984): Stress, appraisal, and coping. New York.
· Levine, S.; Haltmeyer, G.C.; Karas, G.G.; Denenberg, V.H. (1967): Physiological and behavioral effects of infantile stimulation Physiol. Behav. 2: 55-63.
· Levin, B.E.; Dunn-Meywell, A. (1993): Regulation of growth-associated protein 43 (GAP-43) m-RNA associated with plastic change in the adult rat

barrel receptor complex. Molec. Brain Res. 18: 59-70.
· Marshall, K.C.; Christie, M.J.; Finlayson, P.G.; Williams, J. T. (1991): Developmental aspects of the locus coeruleus noradrenaline system. Progr. Brain Res. 88: 173-185.
· Mason, J.W. (1971): Are-evaluation of the concept of non-specificity in stress theory. J. Psychiatr. Res. 8: 323-333.
· McEwen, B.S.; Angulo, J.; Cameron, H.; u.a. (1992): Paradoxical effects of adrenal steroids on the brain: protection vs degeneration. Biol. Psychiatry 31: 177-199.
· McEwen, B.S.; Cameron, H.; Chao, H.M.; u.a. (1993): Adrenal steroids and plasticity of hippocampal neurons: Towards an understanding of underlying cellular and molecular mechanism Cell. Molec. Neurobiol. 13: 457-482.
· McEwen, B.S.; Brinton, R.E. (1987) Neuroendocrine aspects of adaptation. Progress. in. Brain Res. 72: 11-26.
· Meaney, M.J.; Bhatnagar, S.; Larocque, S; u.a. (1993): Individual differences in the hypothalamic pituitary-adrenal stress response and the hypothalamic CRF system. Ann. N.Y. Acad. Sci. 697: 70-85.
· Mesulam, M.M. (1990): Large-scale neurocognitive networks and distributed processing for attention, language and memory Ann. Neurol. 28: 597-613.
· Moore-Ede, M.C, (1986): Physiology of the circadian timing system: Predictive versus reactive homeostasis. Am. J. Physiol. 250: R735-R752.
· Nakamura, S. (1991): Axonal sprouting of noradrenergic locus coeruleus neurons following repeated stress and antidepressant treatment. Progr Brain Res. 88: 587-598.
· Nakamura, S.; Kitayama, I.; Murase, S. (1991): Electrophysiological evidence for axonal degeneration of locus coeruleus neurons following long-

term forced running stress. Brain Res. Bull. 26: 759-763.
· Nisenbaum, L.K.; Zigmond, M.J.; Sved, A.F.; Abercrombie, E.D. (1991): Prior exposure to chronic stress results in enhanced synthesis and release of hippocampal norepinephrine in response to a novel stressor. J. Neurosci. 11: 1478-1484.
· O'Leary, D.D.M.; Ruff, N.L.; Dyck, R.H. (1989): Development, critical period plasticity, and adult reorganisations of mammalian somatosensory systems. Curr. Opinion Neurobiol. 4: 535-544.
· Olmos, G.; Nattolin, F.; Perez, J.; u.a. (1994): Synaptic remodeling in the rat arcuate nucleus during the estrons cycle. Neuroscience 32: 663-667.
· Pavcovich, L.A.; Cancela, L.M.; Volosin, M.,; Molina, V.A.; Ramirez, OA. (1990): Chronic stress induces changes in locus coeruleus neuronal activity. Brain Res. Bull. 24: 293-296.
· Pentreath, V.W.; Seal, L.H,; Morrison, J.H.; Magistretti, PJ. (1986): Transmitter mediated regulation of energy metabolism in nervous tissue at the cellular level. Neurochem. Int. 9: 1-10.
· Popov, V.; Bocharova, L. (1992): Hibernation-induced structural changes in synaptic contacts between mossy fibers and hippocampal pyramidal neurons. Neuroscience 48: 53-62.
· Popov, V.; Bocharova, L.; Bragin, A. (1992): Repeated changes of dendritic morphology in the hippocampus of ground squirrels in the course of hibernation. Neuroscience 48: 45-51.
· Rabin, D.; Gold, P.W.; Margioris, A.; Chrousos, G.P. (1988): Stress and reproduction: interactions between the stress and reproductive axis. In: Chousos, G.P.; Loriaux, D.L.; Gold, P.W. (Hg.), Mechanisms of Physical and Emotional Stress. New York, S. 377-87.
· Ramachandran, V.S. (1993): Behavioral and magnetoencephalographic correlates of plasticity in the adult human brain. Proc. Natl. Acad. Sci.

USA. 90: 10413-10420.

· Rivier, C.; Revier, J.; Mormende, P. (1986): Studies of the nature of the interaction between vasopressin and corticotropin releasing factor on adrenocorticotropin (ACTH) release in the rat. Endocrinology 115: 882-886.

· Robbins, T.W. (1984): Cortical noradrenline, attention and arousal Psychol. Med. 14: 13-21.

· Roberts, V.; Singhal, R.; and Roberts, D. (1984): Corticosterone prevents the increase in noradrenaline-stimulated adenyl cyclase activity in rat hippocampus following adrenalectomy or metapirone. Eur. J. Pharmac. 103: 235-242.

· Rosenberg, P.A. (1992): Function significance of cAMP secretion in cerebral cortex. Brain Res. Bull. 29: 315-318.

· Rosenblum, L.A.; Coplan, J.D.; Friedman, S.; Bassoff, T.; Gorman, J.M.; Andrews, M.W. (1994): Adverse early experiences affect noradrenergic and serotonergic functioning in adult primates. Biol. Psychiatry 35: 221-227.

· Rothenberger, A.; Hüther, G. (1998): Die Bedeutung von psychosozialem Stress im Kindesalter für die strukturelle und funktionelle Hirnreifung: Neurobiologische Grundlagen der Entwicklungs-psychopathologie. Praxis der Kinderpsychologie und Kinderpsychiatrie, 1998, im Druck.

· Sapolsky, R.M.; Krey, L.; McEwen, B.S. (1985): Prolonged glucocorticoid exposure reduces hippocampal neuron number: Implications for aging. J. Neurosci. 5: 1222-1227.

· Sapolsky, R.M. (1990): Stress in the wild. Scientific American 262: 106-113.

· Schüßler, G. (1988): Neurobiologische Aspekte des Bewältigungsverhaltens

(Coping). Zsch. psychosom. Med. 34: 247-258.

· Seligman, M.E.P. (1975): Helplessness, Depression, Development and Death. San Francisco.

· Selye, H. (1936): A syndrome produced by diverse nocuous agents. Nature 138: 32-41.

· Smith, M.A.; Makino, S.; Kvetnansky, R.; Post, R.M. (1995): Stress and glucocorticoids affect the expression of brain-derived neurotrophic factor and neurotrophin-3 m-RNAs in the hippocampus. J. Neurosci. 15: 1768-1777.

· Smythe, J.W.; Rowe, W.B.; Meaney, M.J. (1994): Neonatal handling alters serotonin (5-HT) turnover and 5-HT2 receptor binding in selected brain regions: Relationship to the handling effect on glucocorticoid receptor expression. Dev. Brain Res. 80: 183-189.

· Sorg, O.; Magistretti, P.J. (1991): Characterization of the glycogenolysis elicited by vasoactive-intestinal-peptide, noradrenline and adenosine in primary cultures. Brain Res. 563: 227-233.

· Stone, E.A.; John, S.M.; Bing, G.Y.; Zhang, Y. (1992): Studies on the cellular localization of biochemical responses to catecholamines in the brain. Brain Res. Bull. 29: 285-288.

· Tyhurst, J.S. (1953): The role of transition states-including disasters-in mental illness. In: Symposium on preventive and social psychiatry. Walter Reed Army Institute Research. Washington, DC.

· Uno, H.; Tarara, R.; Else, J.; Suleman, M.; Sapolky, R. (1989): Hippocampal damage associated with prolonged and fatal stress in primates. J. Neurosci. 9: 1705-1711.

· Ursin, H.; Olff, M. (1992): The stress response. In: Stress. From Synapse to Syndrome. London, S. 3-22.

· Vaccarino, F.M.; Hayward, M.D.; Lee, M.W.; Harigan, D.J.;

Duman, R.S.; Nestler, E.J. (1993): Induction of immediate early genes by c-AMP in primary cultures of neurons from rat cerebral cortex. Mol. Brain Res. 19: 76-82.

· VanWimersma-Greidanus, T.B.; Rigter, H. (1989): Hormonal regulation of learning. In: Bush, F.R.; Levine, S. (Hg.), Psychoendocrinology. San Diego, S. 271-306.

· Weiner, H. (1992): Perturbind the organism. The biology of stressful experience. Chicago.

· Wolley, C.S.; McEwen, B.S. (1992): Estradiol mediates fluctuation in hippocampal synypse density during the estrons cycle in the adult rat. J. Neurosci. 12: 2549-2554.

찾아보기

| ㅅ |

| ㅇ |

| ㅈ |

| ㅊ |

| ㅋ |

| ㅌ |

| ㅍ |

| ㅎ |

불안의 심리학

1판 1쇄 펴냄 2007년 2월 5일
1판 2쇄 펴냄 2010년 3월 23일

지은이 게랄트 휘터
옮긴이 장현숙

편집주간 김현숙
편집 변효현, 김주희
디자인 이현정, 전미혜
영업 백국현, 도진호
관리 김옥연

펴낸곳 궁리출판
펴낸이 이갑수

등록 1999. 3. 29. 제300-2004-162호
주소 110-043 서울특별시 종로구 통인동 31-4 우남빌딩 2층
전화 02-734-6591~3
팩스 02-734-6554
E-mail kungree@kungree.com
홈페이지 www.kungree.com

ISBN 978-89-5820-082-6 03180

값 10,000원